幸せを生み出す

# 感動創造マネジメント

レナード株式会社 代表取締役
三原孔明
Koumei Mihara

ACHIEVEMENT

# はじめに

「妊娠したので、会社を辞めることになりました」

サラリーマン時代、営業コンサルタントをしていたときに、取引先のエステティシャンの方が涙ながらに放ったひと言に、私は言葉を失いました。

本来、エステティックは、お客さまの外見の問題と内面の悩みを解決し、心身ともにきれいにすることでお客さまの幸せを実現する、素晴らしい仕事です。

しかし当時の私が感じた現実は、違うものでした。

朝9時からサロンを開けて21時に閉める、平均10～12時間の長時間労働。産休・育休はもちろん、残業代なしも当たり前の世界。

さらに激化する競争下で、現場では売り上げを追わされる日々。

高額コースの押し売りは当たり前、ご契約をいただくまでお客さまを帰さない……。

そんな中、心身ともに疲弊し、スタッフ同士の人間関係も悪化。

夢に見た華やかなエステティシャンとは程遠く、転職を余儀なくされることも少なくありません。

消費者センターでは相談件数が多い業種として、世間的にも労働環境が過酷なブラックな業種と見られていました。

お客さまを幸せにするエステティック業界で、なぜこうした非常識が〝業界の当たり前〟としてまかり通っているのか？

エステ業界は、少し特殊かもしれません。100店舗以上展開している大手企業がいくつかある一方で、業界全体の約80％は女性の個人事業主だといわれています。

自宅で、またはテナントを借りて、1店舗から多くても2、3店舗を運営している小規模オーナーが圧倒的多数。学校を卒業してすぐ美容業界に飛び込み、エステティシャンとして経験を積んだのちに独立する方もたくさんいます。
こうしたキャリア形成では、美容の知識や技術は一流のレベルで学ぶことはできても、「経営」を学ぶ機会はありません。

経営を学ぶことなく、経営をされている方が業界のほとんどを占めている状況下で、さらに昨今、美容にお金をかける人がますます増えています。そのため競争が激しくなり、サービス料金が低価格化する一方。単価が下がると、売り上げが減る。コスト削減のために、運営スタッフを減らす。その結果、スタッフ一人当たりの負担が増える……。

あまりにも多くのエステオーナーが、とにかく売り上げをどう維持するかに頭を悩ませ、本来理想としていたサロン像とはまったくかけ離れた、売り上げと支払いのためだけの経営になってしまっている状況です。

本来の理想像は、お客さまの悩みに真摯《しんし》に向き合い、一流の知識と技術を駆使《くし》して、お客さまをきれいにし、お客さまの人生に貢献する。

結果として多くのお客さまに喜んでいただき、反響を呼び、売り上げも増え続ける。自分自身を充実感と幸福感で満たしながら、一度きりの人生をより豊かにすることを目的に、エステティックの舞台でそれらを実現することを選択した方が多いのではないでしょうか？

エステティックサロンの経営者たちは、本来、お客さまをきれいにし、お客さまの人生に貢献する仕事にやりがいや誇りを持っているはずです。

そうした姿勢や価値観を「理念」「使命」として定義し、日々それを体現することを最優先に取り組み、それがお客さまに感動として伝われば、自ずと大きな成果となって返ってきます。この流れをつくることが、サロンにかかわる全ての人が幸せになる経営の実現です。

このように、理念や目的を明確にし、その体現を目指すことにフォーカスした経営を「理念経営」と呼びます。

私はこれまでに、実際に理念経営を取り入れることによって、大きく変貌したエステティックサロンをいくつも見てきました。売り上げが2倍、3倍になるケースも珍しくありません。遠回りのようでいて、経営の目的を土台から考えることで売り上げは大きく伸びるのです。

私どもレナードグループも、設立して8年間、一貫して理念経営に注力してきました。

「感動創造」の理念のもと、全従業員の幸せと願望を実現するため、また、より多くのお客さまのより良い人生に貢献するために、教育体制をつくり、チームマネジメント、マーケティング戦略など多くの取り組みを行ってきました。

その結果、サロン店頭販売向けのサプリメントなど内面美容の商品を手がける「エステプロ・ラボ」主催の「プロ・ラボアワード」では、2018年、2019年において、1万5000社の中で2年連続総合1位に輝きました。

また全国のあらゆる業種において5000社以上の企業が導入している従業員の満足度調査「モチベーションクラウド」でも、実施1回目から最高格付け評価のAAAを獲得しています。

ＮＰＳ®顧客ロイヤルティ調査において、当社の直営エステティックサロンの顧客満足度は、全店舗平均点が某人気テーマパークを大幅に上回り、設立以降7年間、年平均成長率１８０％以上の成果を出しています。

これからの日本は少子化・高齢化に伴い、社会を支える人口は今の半分になっていきます。一人当たりの社会保障の負担は高まる一方で、さらに税金も上がります。

これまでの日本では当たり前だった、女性が結婚や出産をして専業主婦になるというスタイルはもうありえなくなっていくことでしょう。共働きでなければ家計がまわらないことはもちろん、女性も一緒になって仕事をして、日本経済を支えなければならない時代が10年後、20年後に確実にやって来ます。

そのためにも女性が一生涯輝き続けながら働くことができ、子育てや家庭も充実させられるような環境をつくることは、国レベルでの課題だと感じています。

とりわけエステ業界は、スタッフも女性、お客さまもほとんど女性です。女性で成り立ち、女性にお世話になっている業界です。

だからこそ、女性社員が約９割を占めるレナードグループにできることがあると思っています。

エステ業界の模範となるのはもちろん、エステ業界の枠を越えて、日本全体の女性の雇用のあり方を変えていくワークスタイルモデルを実現するために、レナードが日々取り組んでいることを本書にまとめました。


私どもも、まだまだ発展途上です。しかし、単純に売り上げを上げるためではなく、スタッフ一人ひとりが本気でお客さまと向き合って、自分自身の成長を感じながら、願望を実現できるサロン経営をつくり出すことの大切さを実感しています。

私の実体験に基づき、少しでも皆さまのお力になりたい一心で、ありのままを書きました。本書を手に取っていただいた皆さまに、何かひとつでも役に立つことがあればさいわいです。

# 目次

## 第2章 理念なくして成功なし

## 第3章　オンリーワンも理念から生まれる

## 第4章　社員の願望を実現する

## 第5章 マネジメントは愛を土台に

## 第6章　理念共感型採用は組織づくりの第一歩

## 第7章 日本一学びの多い会社を目指して

## 第9章 成長し続ける会社

第1章

# 私の価値観を変えたひと言

# 成功者と金持ちの違い

人生において「成功」とは何でしょうか?
正しい生き方って何でしょうか?

私はこれまで常に自問自答をして生きてきました。

「お金さえあればみんなに認められて成功者になれるんだ」
そんな憧れを持っていた若かりし頃、私は常に勝ち負けにこだわり、ストレスを抱える毎日。頑張って、ようやく給与を人の何倍ももらえるようになっても、自分に自信を持てず、将来に対する不安から抜け出すことはありませんでした。

「お金持ち」と聞いて、どんな人をイメージしますか?
豪邸に住んでいる人、高級車に乗っている人、ブランド品をたくさん持っている人。

そんな姿が浮かんでくるでしょう。

ポジティブなイメージもありますが、ケチや意地が悪いとネガティブなイメージを持つこともあると思います。

実際にレナードの社員にこの質問をすると、80％以上が「お金持ち」という言葉に対してそのようなネガティブなイメージを持っていました。

この場合のお金持ちに対するイメージ像は、自分のためだけに得たお金を、自分のためだけにしか使わない人です。人のことには一切興味関心がないどころか、お金のためであれば、ときには肉親と縁を切ってしまう人もいます。

だから「お金持ち＝ケチ」「お金持ち＝孤独」というマイナスイメージを抱かれるのです。


それでは「成功者」と聞いて、どんな人を思い浮かべますか？

お金持ちと似ているようで、少し違うはずです。起業して会社を大きくした人、スポーツで抜きん出た実績をあげた人、学問で世界的な業績を残した人……。こうした成功者のイメージがあるはずです。

起業して成功した人は、世の中に何かしらの価値を提供しています。新たな雇用も生み出しています。スポーツの成功者は、多くのファンに夢や感動を与えています。学問の業績が人類の進歩に寄与しているのはいうまでもありません。

成功者は、人のため、社会のために一生懸命向き合い、手にした富をさらに人のため、社会のために使うことで、富を循環させて増やし続ける人です。

また成功者は、お金だけを持っている人というわけではありません。

大切な人のためや、より良い社会のために使命感を持って取り組んだ結果、充実感に満たされて、良好な人間関係を築きながら常に幸福を感じ、物心両面での豊かさを手にしている。それこそが、成功した人生といえるのではないでしょうか？

## お金では満たされないからモノに走る

高級外車を乗り回す。高級時計をこれ見よがしに見せびらかす。夜の街でひと晩でいくら使ったかを自慢する。次々と高価なモノを買う。あなたの周りにこんなお金持ちはいませんか？

人それぞれの価値観ですし、お金を手にした人が、高価なモノを買うのは何もおかしいことではありません。私も自分へのご褒美として一生大切にしたい高価なモノを買うことはあります。

そこで大切なことは、心が満たされているか？　何で心を満たすか？　なのです。

なぜ、次々と高いモノを買ってしまうかというと、答えは簡単。人は、お金を手にするだけでは心が満たされないからです。お金がたくさん手に入ること自体に、充実感はありません。お金を使うことに喜びを感じるのです。お金を稼ぐことだけでは満たされない。次から次へと高価なモノを手にしないと、満足を得られないのです。

自分のためだけに高価なモノを次々と買ったところで、どこまで行っても満たされない。ひとりの世界では、寂しさを感じるだけです。だから高価なモノを買い続けるしかありません。収入が頭打ちになっても買い続けることを止められずに破綻する人がいるのは、こうした理由があるからです。

## 人や社会とのつながり、絆の大切さ

それではどうすれば心が満たされるのでしょうか。

私自身の経験からいえば、最も心が満たされ、充実感を得られる瞬間は、大切な人のために使命を果たし、相手に心から喜んでもらえたときです。

その瞬間、はじめて自分の存在意義を自分で認めることができるのです。

自分が自分として生きてきて良かった。

私はこれで正しいのだ。

そう自己を承認すると同時に、不思議とこれまでの過去や周りの人々に感謝の気持ちが湧き起こり、自分は社会の一部であることを感じ取り、自己の存在価値を改めて認識するのです。

さらに成功者は、周りや社会をより良くすることを自己の願望・目的として、その実現のために使命感から湧き出る強いエネルギーによって目標を達成し、願望を成し遂げます。

「命を使う」と書いて「使命」。

人は、大切な人やそのつながりによって形成される社会そのものをより良くするために命を使うことで、充実感に満たされ、本当の意味で自己実現の軌道に乗ります。結果的に誰よりも成果を得られ、金銭的な富だけでなく、精神的な豊かさも手に入れることができます。

私が知る限り、人や社会との絆《きずな》を大切にする人は、お金を持ったからといって何も悪いように変わりません。それまで以上に周りの人たちを大切にして、より謙虚になっていきます。

その素晴らしい価値観が富とともに大きくなることで、成功のサイクルに入っていくわけです。

「自分のためだけに頑張って実現した孤独なお金持ち」

「人、社会のためにひたすら頑張って実現した心豊かな成功者」

幸せになるために生きているとすれば、後者を目指すべきだと私が気づくことができたのは、これまで多くの失敗と挫折を経験し、その際に手を差し伸べてくださった方々に感謝の念を強く抱く機会に多く恵まれたからでした。

## 人生を変えたセミナーとの出会い

私はサラリーマン時代、美容機器を販売する営業マンとして誰よりも成果を上げることを目指し、20代にしては多くの収入を得ることができていました。

しかし一向に自分自身に自信を持てず、人生の正解が何かがわからず将来が不安で不安で仕方がなかった時期がありました。

29歳のとき、いつしかその不安はストレスになり、自暴自棄となり、お世話になっていた会社を飛び出して、いっそ独立して全てから逃れたいという無謀な考えに至ったことがありました。

そんな私を見かねた知り合いの経営者の方に、あるセミナーを勧めていただきました。

アチーブメント株式会社の「頂点への道 スタンダードコース」というものです。これは「選択理論心理学」「成功哲学」「アチーブメントテクノロジー」「タイムマネジメント理論」など人生の成功の技術を学ぶ目標達成研修です。

「選択理論心理学」は内的コントロール理論とも呼ばれます。「人の行動は外部の刺激による反応ではなく、自らの選択である」という考えに基づいています。

片や「批判する」「責める」「文句を言う」「ガミガミ言う」「脅す」「罰する」「自分の思い通りにしようとして褒美で釣る」といった手法で相手を動かそうとするのが外的コントロール理論です。人は外的コントロールでは動かない。だから選択理論的なアプローチに変えるべきだというわけです。この理論は、私が元々持っていた想いに通じるところがありました。

この講座では目標よりもまず目的を明確にし、理念を体現することの大切さを学びました。

これは、私にとってはじめて出会う考え方でした。営業責任者としてポジションを得て、同世代と比較して収入も充分にあったのに、なぜ満たされなかったのか。それは、使命も目的もなければ、会社の方向性もわからなかったことが原因だとわかったのです。

## 「成功の土台は『愛』」

右の言葉は、「頂点への道」講座の開発者であり講師の青木仁志氏が言っていたものです。

私の濁っていた心がこの言葉によってきれいに浄化され、目に映る全てが鮮明に美しく感じた瞬間を今もはっきりと覚えています。

将来に不安を抱え、お先真っ暗闇だった私の前に、自分の未来につながる一筋の光のレールがはっきりと現れたのでした。

元々、「もしかしたら、こういうことが正しいのではないか？」とうっすら思い描いていたことが、確信に変わりました。

「やっぱりそうだったのか！　これしかない。これを極めたら、僕の人生は絶対に成功できる！」、そう心の中で叫びました。

私にとって、これまでの40年間の人生における最大の決断と変化は、いまだにこの瞬間と言い切れます。

自分は自分が決めた道を行く。私はこのとき、2つのことを決意しました。

ひとつは、身近な仲間への愛を行動で示すことを大切にすること。営業部の部下たちにこれまで以上に寄り添おうと決めました。

そしてもうひとつ、お客さまとの向き合い方を大きく変えなければいけないということ。今、目の前の商品が売れれば良いわけではない。お客さまを成功に導くために全力を尽くさなければならない。そのために、自分の使命・目的・理念を明確にしなければいけないと思いました。

## 「伝説を残せない人が、独立しても失敗する」

講師の青木仁志氏が言った、この言葉も忘れられません。

「独立するのだったら、伝説を残しなさい。組織の中で伝説をつくれない人間が独り立ちしても必ず失敗します」

何百人もの受講生がいる中、私ひとりだけのためにその言葉を伝えてもらっていると感じるほど、胸に刺さりました。

「まずは今の会社で伝説レベルを実現するぞ」、そう心が躍りました。

## 「愛に生きる」宣言に、部下はポカーン

当時住んでいた名古屋に戻った私は、早速、部下全員を集めてこう宣言しました。

「今まで申し訳なかった。僕は自分のことしか考えていなかった。それでは自分の

幸せを見いだすことができなかった。だから、君たちにつらく当たっていたかもしれない。これから僕は、愛に生きる！」

みんな、ポカーンとしていました。当然です。それまで「売ってこい！」「今月は達成しろよ！」と発破をかけていた上司が突然「愛に生きる」と言い出したのですから。

「どんな宗教に誘われたんですか？」

「いや、そうじゃない。宗教になんか入っていないよ。これからの僕を見ていてくれ。行動で示すから」

## 〝勝手に〟理念営業

「三原さんが突然、愛なんて言葉を使い出した。『売り上げ、売り上げ』って、いつもうるさかった人なのに」

かつての私は部下のことを責めていました。「なんで売れないんだ」と。しかし、目的が変わりました。売ることが目的ではなく、「お客さまの成功」を実現することが目的になったのです。戸惑う部下を前に、私は営業部の理念のようなスローガンをつくりました。

「お客さまの成功が私たちの成功」

まずは自分自身が行動で示していくしかありません。これまで「なんで売れないんだ?」と責めていたのが「本気でお客さまと向き合ったのか? 使命を果たしたいのか?」という声かけに変わりました。お客さまは、サロンを成功させたくて脱毛機を買うわけです。だからこそ、脱毛機を売るのではなく、成功をお届けすることにコミットした営業部へと変えていきました。

社内での部下とのかかわり、お客さまとのかかわりが変わっていきました。

## みるみる伸びていった成果

営業部の理念が定まり、私の姿勢が営業部全体に浸透するにつれ、不思議なことが起こりはじめました。

「売ってこい！」と一切言わなくても、一人ひとりの活動量がみるみる増えていったのです。お客さまの成功に向き合うという姿勢でコミュニケーションを取るだけで、自然と売れる流れができました。

それまでも成果は上がっていました。しかし、「部下の成功」や「お客さまの成功」を最優先にすると、それ以上に成果が伸びていったのです。

営業部の一人ひとりが、自分の売り上げを上げようとするのではなく、お客さまの成功を第一に考えるようになったことで、部内の雰囲気もガラリと変わりました。ギスギスしたところがなくなり、お互いに助け合うようになったのです。

とことんお客さまと部下に向き合うと、私自身の成長スピードも加速しました。自分のやることに確信を持てたからでしょう。それに伴うように、部下たちも猛スピードで成長していきました。いつしか、何もかもが楽しくて仕方がない毎日になっていました。

当時の仲間たちとは、今でも会うことがあります。私が突然「愛」などと言い出したことをみんなよく覚えています。今となっては懐かしい笑い話です。

## 愛は不可能を可能にする

美容医療業界でナンバーワンのシェアを誇る湘南美容グループの相川佳之氏が次のような話をしていました。

「落ちたら死んでしまうような谷の向こう側に1億円がある。その両側をつないでいる1本のロープ。綱渡りで1億円を取りに行くと、成功率は数%。90%以上の確率で、転落死が待ち受けている。この場合、ロープを渡ることを選ばない人が多い。命をかけてまで1億円を取ろうとはしない。

しかし、向こう側に、大切な自分の子どもがいるなら、親は全員が助けに行く。命をかけて子どもを助けようとする」

「自分の利益のため」か「人のため」。

どちらが強いかといえば、圧倒的に「人のため」です。比べものになりません。大切な人のためへの情熱の方が、無限のエネルギーがみなぎり、成果・成長を生み出すのです。

これこそが「愛」の力です。

「私はこの会社に入り、出会ったこの仲間のおかげで今の自分を手に入れました。毎日最高に幸せです。会社、そしてこのメンバーにいただいた恩を返したいから、私は店長になって、多くのスタッフやお客さまの人生に貢献したいです」

レナードにはそう言ってくれるエステティシャンが多くいます。

こういった経験から生まれる使命感と決断はとてつもなく強い。

「私は給料がいくら欲しいから店長になりたい」という動機とは比べものになりません。

どこからこんな情熱が生み出されるのか。彼女たちを見ていてそう思うくらいです。

「この会社に来て、この仲間たちと出会えたから、私の人生が変わりました。私みたいに人生が変わる人を増やしたい。多くの女性に夢と勇気を与えたい。だから私はこのサロンを50店舗にします。そしてこれからも最高の人生を築いていきます」

「私は、この想いをより多くのお客さまにお届けするために、日本だけでなく世界にも広げていきます。よって200店舗を目指します」

スタッフたちからはこのような言葉を毎日のように耳にします。


大好きな仲間のために、お客さまのために——。

愛の力こそ、不可能に可能にするエネルギー源なのだと、彼女たちを見て改めて感じる毎日です。

## 自分が理想とする会社を起業

そもそも私はエステ業界に入ろうと思っていたわけではありません。高校を卒業した後、進学した学校を中退し、高校時代から活動していたバンドでメジャーデビューを志していました。しかし、芽が出ずにフラフラしていたところを、たまたま前職の社長が拾ってくれたのです。

エステ業界のイメージは「華やかできれいなお姉さんばかりで楽しそう」。そんなイメージを持ちながら、業務用美容機器の営業マンとしてスタートしました。ところが、営業活動を通して業界を知ると、驚くことばかり。

お客さまはどんどんきれいになって、幸せになっていく。そのお手伝いができる素晴らしい業界と理解した反面、法令遵守とは程遠いブラックなイメージや劣悪な職場環境。

幸せを提供する仕事であるはずなのに、提供する側が誰も幸せになれていないのでは？　と感じることが多々ありました。

エステティック産業の正解は何なのか？

業界としての発展はもちろんですが、本質的な目的は「美を提供することを通してより多くのお客さまに幸せをお届けすること」であるはず。しかし、実際には業界全体でそのような目的の理解と実現をしようとするサロンはほんの一部ではないかと、危機感を抱くようになりました。

そこで私が就職して丸10年経った頃。自分が思い描く理想的な会社をつくり、かかわる全ての人々が幸せになれる会社を実現し、業界をより良くすることで多くの方を幸せにする使命を全うしたいと思うようになったのです。

「スタッフが世界一幸せな会社をつくる！」そう決断し、レナードを立ち上げました。

本気で世界一を目指すのであれば、いろいろなことを学びながら経営に本腰を入れられる東京がいいと思っていたところ、相川氏が「そりゃ、東京でしょ！　東京においでよ！」と東京で起業することに背中を押してくれました。

最初に選んだ住まいは、ＪＲ中央線・御茶ノ水駅の近くにある築40年の古びたマンション。その２ＬＤＫを自宅兼事務所として借りました。リビングと寝室と、６畳もないような小さな事務室だけです。これがレナードのスタートでした。

12月31日、名古屋から妻と２人、新幹線の自由席に乗って東京に出てきました。年末でまったくひと気のない御茶ノ水駅を出ると、空から白い雪が舞っていました。駅の売店で１本だけビニール傘を買って、築40年のマンションまで凍えながら、雪が降り積もろうとしている夜道を２人でゆっくり歩いていきました。

これから僕たちにはどんな人生が待ち受けているのか？
もう後ろは振り向けない。
不安と期待の中、「絶対にやってやる」。
そう強い覚悟と決断を自分に言い聞かせ、拳《こぶし》をぐっと握ったのでした。

Global Beauty Associates LENARD

## あの歴史上の人物から取ったレナードという社名

私の実家の書斎には、百科事典と一緒に『三国志』が何十冊と並んでいます。『三国志』が大好きだった父親は、諸葛亮孔明《しょかつりょうこうめい》から名前を取って、私を孔明と名付けました。

三国時代の軍師として名高い孔明がどんな人物だったか調べてみたところ、軍師だけでなく、政治家でもあり、さらには発明家でもありました。諸説ありますが、熱気球や物資を運搬するための木牛や竜馬と呼ばれる乗り物、身近なところでは、肉まんや紙芝居も彼の発明だと伝えられています。「万物の天才」とも呼ばれる由縁です。

他にも「万物の天才」がいるのか調べると、レオナルド・ダ・ヴィンチにたどり着きました。「モナ・リザ」「最後の晩餐《ばんさん》」などの絵画作品は誰もが知っていますが、それだけではなく、建築や数学、天文学、地理学、物理学、土木工学など、多岐にわたる分野で功績を残しています。

「レオナルド」を英語にすると「レナード」。「レナードって、高貴な感じがしていいね」、そんな話から社名が決定しました。

会社のロゴマークは、諸葛亮孔明の扇子の羽根と、レオナルド・ダ・ヴィンチの筆の羽根をもとにデザインをしたものです。

# 第2章

# 理念なくして成功なし

## あなたの会社、理念はありますか?

エステティックは、美を通してお客さまに幸せを提供し、お客さまの人生をより良くする仕事であること、そしてお客さまの人生に直接かかわれる尊い仕事だと、私は社員育成で毎日のように伝えています。

素晴らしい業種であるからこそ、理念を明確にして、その体現に励む「理念経営」を広めることが業界への貢献だと考えています。

そこで私は業界でのボランティア活動として東京や大阪、名古屋など全国6都市で年間十数回、「勝ち組サロン実践セミナー」という無料のセミナーを開いています。エステティックサロンの経営者向けのセミナーですが、それ以外の業界の経営者も参加され、これまで延べ1万名以上にご参加いただいています。

4時間のセミナーの冒頭では、毎回のように「理念を明確に掲げていますか?」と問いかけます。当初は１００人いる会場の中で、誰からも手が挙がりませんでした。

５年間、理念経営の大切さを繰り返し訴えて、何回も受講しているリピーターの経営者の方が、やっと手を挙げてくれるようになりました。それでもまだ全体の１割程度です。


「何のためにエステサロンを経営していますか？」「経営の目的は何ですか？」

そう質問をすると、返ってくる言葉は決まって「美容が好きで、お客さまをきれいにして儲《もう》けたいから」です。

この答えにまったく問題はないのですが、「儲けたい」という言葉を使う方の１００％が現状の売り上げに困っている方です。


そこで私はいつもこう言います。

「『今のための経営』で理想的な未来を手に入れることは難しいですよ。

目先のことをこなすだけの毎日の先に、より良い未来が待ち構えていることは絶対にありえません。

理想的な未来、ゴールをより具体化し目標にして、その逆算から、最善の行動を取るのです。その連続には必ず理想以上の未来が待っています」

それではなぜ、多くの人は目先の売り上げにとらわれてしまうのでしょうか。それは、ゴールが定まっていないからです。方向性も理念もビジョンも目標も、何も定まっていないから、支払いのために売り上げをつくる日々から抜け出せないのです。

サロンの多くのお客さまは、常に「何か買わされるかも？」と警戒心を持っています。何とか売り上げをつくらないといけないと考えているエステティシャンのことはすぐに勘付き、商品を買うことに対してシャッターを降ろします。お客さまの満足度が下がり、余計に売り上げも上がらなくなってしまいます。

さらに焦りを感じて売り上げを追うことで、どんどん売り上げ低下に歯止めがかからないという悪循環に入ってしまうことが多々あるようです。

ある経営塾を受講したときのことです。異業種の経営者ばかりの塾で偶然エステティックサロンを3店舗経営している若い男性から「三原さん、相談してもいいですか？」と声をかけられました。

「僕、エステを経営しているのですが、経営をする自信がないんです」

開口一番にこう言われました。もし、彼が親しい友人だったら、私は真っ先に「経営をやめた方がいいよ」と言っていたでしょう。

少し厳しく聞こえるかもしれませんが、自信がある・ないのレベルの状態で経営はすべきではありません。

自信がない社長が経営している会社に入ってしまった社員は、幸せになれるでしょうか。

もちろん私も常に自分の経営に足りていない部分を感じる毎日ではありますが、それを自信がある・ないではなく、さらに成長できる伸びしろと捉えるべきです。そして、それをどうにか自力で克服して、自信があるレベルに持っていこうとすべきです。

何よりも自分が描いたビジョンに対して覚悟・決断を持つことができて、はじめて人を幸せに導くことができる経営者としての第一歩を踏み出せるのです。

自分ひとりの個人事業主であれば、全てのリスクは自分に降りかかってくるだけで済むからまだ良いでしょう。

しかし、人を雇用する経営者は違います。会社のリスクは従業員とその家族の生活や人生を脅《おびや》かすことになります。

人を雇うということは、従業員とその家族の人生を背負い、命を預かるということ。そこまでの覚悟を持つべきなのです。

しかし、彼はその覚悟のずっと前の段階。

もし仮に経営の目的を明確に持つことができていたら、自信云々の次元の話にはなりません。


「会社の理念はつくりましたか?」

「まだありません」

「元々はなぜサロン運営を始めたのですか?　経営の目的は何ですか?」

「目的ですか……。このサロン、なんかタイミングでたまたまつくっちゃったんですよね」

理念どころか、「こんな会社にしたい」「お客さまにこんな価値を提供したい」といった想いすらないようでした。彼と少し話していると、こんなことも言い出しました。

「昨日、サロンのスタッフから電話があって、『給料をこれくらいまで上げてくれないなら今月いっぱいで辞めます』と言われました。どうすればいいと思いますか？」

従業員から脅《おど》される始末……。

理念がないと、従業員と一緒に志すものがなく、想いがバラバラになってしまうのです。

私がセミナーやコンサルでこれまでに1万名近いサロンオーナーと話をしてきました。その中で、私たちの業界には、理念がないまま目先のことだけで何となく経営をしてしまっている方は少なくない、と感じています。

経営の目的を明確に。

誰のために、何のために、なぜこの会社は存在するのか？

何を与えて、何を成し遂《と》げるための会社なのか？

## まずは先を見据えることから

成功している経営者を見ていると、共通点があります。それは「先を見ている」ということ。成功している経営者ほど、先を見ています。ソフトバンクグループの孫正義氏は300年先まで見据えたビジョンを描いています。成功している経営者は理念を掲げ、それを体現するビジョンを明確にしています。

理念やビジョンがなくても儲かっている会社があるのも事実です。しかしそれは、偶然に一時的に運が良かっただけであり、絶対に長続きしません。

目的がなければ、目的を実現するための戦略を明確に作り出せないからです。

実際、社員育成の仕組みやマーケティングや集客の戦略を立てようにも、理念が定まっていないと効果的な戦略はつくれません。

また理念がなければ、問題が起こった原因と解決策を見つけるのも難しい。判断基準が曖昧だからです。逆にいえば、ビジョンや目的を設定し、スタッフに伝えていくことで、自立的に問題解決できるようになっていきます。

目的経営なのか。目先経営なのか。この違いは大きいのです。

## 理念経営とは宝島を目指す航海

経営は航海のようなものです。会社という船の船長が社長で、クルーがスタッフです。

宝の地図に示されている宝物こそが理念・ビジョン、目的です。

もしも宝の地図がなく、目的地がない場合、船はただ海をさまよっているだけです。

目的地がない船は、嵐が来ればすぐに転覆します。敵の船が襲って来れば、すぐに打ち負かされます。なぜなら、船を漕《こ》いでいるクルーには「嵐に立ち向かおう」「敵を倒そう」という強いモチベーションがないからです。

宝島という目的地があり、そこに到達するための地図があって、はじめて船員は困難を乗り越えようとするわけです。

企業も同じです。自分たちの仕事の目的は何なのか。基本的な価値観や信条である理念はどのようなものなのか。その理念に基づくどんなビジョンによって目的に到達しようとしているのか。こうしたものがなければ、目的地もなく海の上を漂う船と同じです。

目指すものが明確でなければ、スタッフは言われたことをこなすしかありません。自分で考えて行動しようにも、やりようがないのです。

理念・ビジョンがあれば、社員は「この理念に基づいて、自分はこのように行動すればいいいんだ」と判断できます。目的や理念が明確になれば、方向性がわかり、みんなに「言われている以上のこともやろう」という気持ちが芽生えます。同じ宝島に行くにしても、「もっと早く行こう」「もっと安全なルートで行こう」と自分たちで考えるようになるのです。

理念はもちろん経営者自身のかじ取りにも不可欠。理念がないと、自分が何のために経営しているか目的がわからなくなり、自分自身の判断基準が揺らいでしまいます。方向性が定まらず、景気や環境に左右されて行き当たりばったりになり、ビジネスの成功が遠のいてしまいます。

成功する経営者の一番の役割は、理念の追求と体現のために、一貫して船長の如くじっと目的地・ゴールを見据え、理想を追求し、その先に社員・仲間の幸せ実現というロマンを追い続けることです。

これから先どんな将来、人生が待っているのか？　その見通しを描き、見せ続けることによって、仲間たちは高いモチベーションを維持して、課題を突破し目標をことごとく達成する、強い組織を創り出すことができるのです。

## 目的にフォーカスすると時間が増える

「時間がないから」
「忙しくて」

経営者の言い訳ランキングのトップは「時間がない。忙しい」。毎日、目の前のタスクに追われている経営者は多いようです。

私が知る限り、成功されている経営者の口から「忙しくて……」という言葉を聞いたことは一切ありません。誰よりも多く一日のタスクをこなし、全国、世界中を飛び回り、起きてから寝るまで仕事をしている方々なのに、です。

そんな諸先輩方を見て、私も絶対に忙しいと口にしませんし、思わないようにしています。

「三原さん、お忙しそうですね」とよく聞かれますが、「まったくそんなことはありませんよ」と笑顔で答えるようにしています。

事実、私の何十倍ものタスクをこなしている方はこの世の中にいくらでもいるはずですから。

たとえば、時間がないから社員育成ができない。忙しくて考える時間がない。

それではなぜ、時間がないのでしょうか。

それは、タイムマネジメントができる・できないの問題ではなく、単にタイムマネジメントを知らないか、学んでいないからだと思います。

タイムマネジメントについては第９章で説明しますが、まず「時間がない」から脱却する簡単な方法があります。


それも「理念」を明確に定めることです。


理念があれば、それを土台にした一貫性のある取り組みに絞ることができます。理念の体現にそぐわない無駄な作業に割く時間が激減するのです。理念があれば、長期的な視野を持って、時間を有効活用できるのです。また目的が定まりやることが明確になると、人はそこにフォーカスすることができます。

小学生の頃、虫眼鏡で太陽の光を集めて黒い紙を燃やしたように、ある一点にフォーカスをすることでよりエネルギーが集中し、さらに熱量とパフォーマンスが上がり、効率的になるのです。

よく、理念経営なんてそんな遠回りなこと……と思われがちですが、理念経営こそがゴールに向かう揺るぎない一直線の最短ルートなのです。

## 理念経営は会社の規模が小さいうちから取り入れるべき

私のセミナーに参加してくださる経営者は、みなさんどうすればエステティックサロンがもっと良くなるのかを真剣に考えています。

あるとき、ブラック企業批判を受けて、経営状態が悪化している大手エステティックサロンの幹部の方々が危機感を抱き、セミナーに参加してくださいました。セミナーのあと、「昔を思い出しました。以前の熱い情熱いっぱいのサロンに戻したいです。三原さん、是非コンサルティングをしていただけませんか？」と声をかけてくださいました。そのとき、有料コンサルティングの新規受付は行っていなかったので、私からの提案で店長さんへの研修を無償にて引き受けました。

研修に出向いたとき、はじめての経験をしました。２時間の研修中、参加者の店長50人のうち20人ほどが居眠りを始めたのです。

それまで自社内だけでなく、外部向けの無料セミナーを含めて何百回と講師を務めてきました。普段は４時間の長丁場でも、みなさん何かひとつでもヒントを得ようと食い入るように私の話を聴いてくれます。

講師としての私の力不足でしたが、その企業の方々からは、学校の授業のように受けさせられている感じが伝わってきました。４割くらいの社員からは、同業他社の経営者の話から何か少しでも学びたいという姿勢を感じることはできませんでした。

この会社のエステティシャンとして、本気でより多くのお客さまを幸せにしたいという想いがあったとしたら、このような状況にはなっていなかったと思います。

何よりも本人たちに責任はなく、そうさせてしまったのは会社側であり、エステティシャンとして本当に大切なことを会社として常々メッセージしているのか。日頃の会社側のスタッフに向き合う姿勢が、このような状況をつくり出してしまうのだ、と感じました。

理念経営は規模がより大きくなるほど大切ですが、大企業のみが実践することではなく、規模が小さく理念が浸透しやすい状態から取り入れるべきだと強く感じました。

実は私の場合は、レナードの理念が完成したのは創業して1年以上経ってからです。元々創業時より、このようなイメージを持っていました。

「全てのお客様・従業員に喜び、感動を与えることを通じ、お客様との関係性をよりよいものとし、更に従業員同士の絆を深め当社に関わる全ての人が幸せで成功した人生を送ることを目的とする」

そして、この想いを漢字4文字で表したのが「感動創造」です。

## お客さまに提供している価値とは何か？

「感動創造」という理念が固まるまで、レナードも試行錯誤の繰り返しでした。理念は必要ですが、「すぐに決めてください」とは、簡単には言えません。
形だけの理念は、単なる飾りに過ぎません。標語を掲げるからには、常々それに基づいたメッセージを伝えていかなければなりません。

自分の個人的な願望なのか、単なる理想なのか。いろいろな考えが生まれることもあるでしょう。頭の中にぼんやりと「こんなこと実現できればいいな」と浮かぶくらいの感じかもしれません。少しずつ、ふさわしい言葉を見つけていってください。

「最も大切にする価値は何か？」
「お客さまにどんな価値を提供したいのか？」
「私は仕事を通して何を実現したいのか？」

目先の儲けなどではなく、このような本質的な価値を自分自身に問いかけることが大切です。たとえば、エステティックサロンなら、お客さまにきれいになることを提供するという価値があります。しかし、そこで終わりではありません。お客さまがきれいになった先に真の価値が存在しているからです。

「自分に自信が持てて、仕事でも成果が出た」

「笑顔になることが増えて、人間関係が良くなった」

「人生のパートナーと呼べる恋人と出会うことができた」

きれいになると、人生があらゆる面でプラスになっていきます。

よって「美を提供することは幸せを提供している」という、価値につなげた思考を常に持つことが大切です。


また、会社の理念を作るうえで、大前提として自身の人生理念を考えてみてください。

なぜならば、企業理念は必ず経営者の過去の経験から育まれた価値観から生み出されるからです。

まずは自分自身の人生の目的やビジョンを明確にする必要があります。

「私はどんな人生を送りたいのか」

「私は何を求め、何を実現したいのか」

「私の人生の目的、存在意義は何か」

言葉はあとからついてきます。言葉をつくることが目的ではなくて、目指したい状態、追求したい価値観、そして、その先では自分にとってどんなプラスになっていくのか。自分自身やお客さま、そして、それが最終的に社会にどんな影響を与えるのか。

一度立ち止まってそこまで考えてみてください。

まずはあなた自身の人生理念を定めましょう。そして、それを土台に経営理念を考えていきましょう。

人生理念・生きる目的を明確にする質問

誰のために何のためになぜ、
自分自身は存在していますか？
一度きりの人生、何を成し遂げますか？
そのために最も大切にする価値観は
何ですか？

## 企業理念に正解はない

長期成長を続ける企業には、必ず理念があります。自動車メーカーも、電機メーカーも、あらゆる大手企業が理念を掲げています。中には、創業者の想いを色濃く受け継いでいる大手企業もあります。

理念は、創業者の価値観そのもの。そして価値観は人それぞれです。
「感動創造」というのはあくまでも私の価値観に基づくレナードの理念であって、ビジネスの正解というわけではありません。理念に善し悪し、誰の評価もありません。
レナードには、キーエンスの元役員の方々に顧問に入っていただいていたことがあります。キーエンスは大阪に本社がある精密機械メーカーで、日本の中でも平均年収が高いことで有名です。平均年収は２０００万円、生涯年収は８億円を上回っています。

キーエンスの理念を聞いて、驚きました。「最小の資本と人で、最大の付加価値をあげる」というものだったからです。給料が高いはずです。

レナードの方向性とはまったく違いますが、善し悪しではないのです。キーエンスには、キーエンスの理念に共感した人たちが集まります。だから生産性に見合った報酬を提供できるわけです。

全ての取り組みを理念から一貫させている組織は強いのです。

## ザ・リッツカールトンホテルのさすがのレベル

私は海外旅行が趣味で、滞在はよくザ・リッツカールトンホテルに宿泊します。贅《ぜい》沢《たく》のためではなく他のホテルとサービスレベルの違いを実感し、どのようにそれを実現しているのか学び、吸収したいからです。

たとえば私がホテルに到着すると、ベルスタッフがまず「お帰りなさい」と声をかけてくれます。

ザ・リッツカールトンのクレド（企業の価値観や行動規範を明文化したもの）は、世界的に知られていて、その価値観は全スタッフに浸透しています。世界一ホスピタ

ザ・リッツカールトンのスタッフからの、結婚記念日のお祝いとメッセージ。

リティが高いホテルチェーンとして何十年も君臨しています。

そのクレドを体現する制度のひとつとして、お客さまに喜んでいただけそうなことなら、スタッフは月に２０００米ドル（約20万円）までの決裁権を持っています。

先日、宿泊した際には部屋にマカロンが置いてありました。１個８００円もするものが８個、冷蔵庫にはシャンパンも入っていました。ザ・リッツカールトンのスタッフが自己裁量でプレゼントしてくれたものです。

また違う日には、買い物から帰ってくると部屋に大きな風船のオブジェとスタッフの方々からのメッセージの寄せ書きがありました。

そこには「ハッピーアニバーサリー」と書いてあるのです。

私たち夫婦はすっかり忘れていたのですが、その日の7日後が結婚記念日だったのです。

何年前にその話をしたのか覚えていませんが、みなさんがそれを覚えていて祝ってくれたのです。このようにザ・リッツカールトンに行くたびに毎回、感動をもらいます。


経営者がよく「自分で考えて行動しろ！」と発破をかけながら、現場の社員が自己裁量で動くと「勝手なことをするな」と怒ったり、何かしたくても「経費は使うな」と口を酸っぱくして言い聞かせている例があります。

ザ・リッツカールトンは違うのです。やりたくてもできないのではなくて、やりたければできる仕組みを整えているのです。単にクレドを唱えるだけではなくて、「仕組み」にまで落とし込んでいる。さすがのレベルです。

ホテルに泊まると何かしら感じる「ここが不便」ということを、ザ・リッツカールトンでは感じたことがありません。ザ・リッツカールトンを参考にして、レナードで

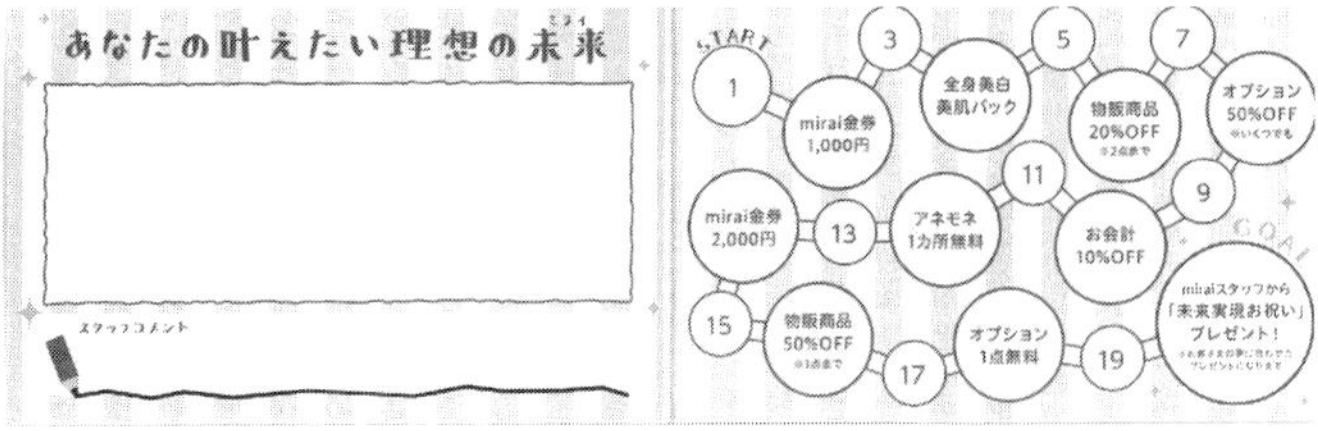


レナードが運営するエステティックサロン「ミライ」のポイントカード。コースに通っていただき、お客さまが自信を持てるきれいな肌を実現した際に、お客さまの夢がかなうプレゼントをスタッフから贈ります。

も現場のエステティシャンに決裁権を持たせる取り組みを始めています。

私たちが運営するエステティックサロンがやっていることは、ただお客さまにきれいになっていただくことではありません。きれいになった、その先を提供するのが私たちの使命。それを現場スタッフの裁量で実現できるように稟議《りんぎ》なしで経費を使えるようにしています。たとえば、「お肌がきれいになったら、何をしたいですか？」とお客さまに質問して、「可愛い水着を着られるようになりたい」という答えが返ってきたとします。本当に目標としていたきれいなお肌の状態を実現した暁《あかつき》には、会社の経費で水着をプレゼントできるのです。

きれいにするだけではなく、きれいの先の幸せを提供することに対して有言実行することで、感動レベルの高い満足度につながっていきます。また、スタッフもさらなる充実感を得られ、お客さまの人生にかかわるレベルのエステサロンが実現していくと考えています。

これも私たちの理念である感動創造を体現するための経営判断になります。

## 理念は浸透させなければ絵に描いた餅

理念をつくったとしても、どう体現するかが重要だと感じています。言葉だけで「社会に貢献します」と言っても、自分が何もしなければ社員はついてきません。理念は経営者が先頭に立って伝え続け、行動して体現する背中を見せることが大事なのです。

レナードでは毎月「理念研修」を実施しています。その月に入社した中途採用の新人の他、各事業部の社員も定期的に受講しています。全員が年1~2回は受講することになるのです。

「感動創造」という理念の下には、８つの基本原則があります。レナード社員としてふさわしい在り方、考え方を示したものです。全事業部、全店舗でこの基本原則を唱和しています。

1. すべての出来事を前向きにとらえる
2. 周りに起こった問題は自分自身の原因として考える
3. 自分の成功は周りの人の成果・おかげと考える
4. ネガティブな考え、言動、行動は絶対にしない
5. 人はいつでも誰でも変わる事ができ、なりたい自分になれる
6. 愛を持ち、貢献する事・与える事で充実感を得る
7. 不可能はない。人は無限な可能性を持っていることを信じる
8. 向上心を持ち常に成長を目指す

さらにこの基本原則を細かくルール化した「スタッフが世界一幸せに働くための１

00のルール」があります。これは少しだけお説教のような内容です。ポジティブシンキングの内容や、絆作りにおいて具体的に必要な行動についてだけでなく、「派閥を作らない」「誰かの陰口を言わない」といった人間関係を悪くさせないための禁止事項も含まれます。

エステ業界にはさまざまな人たちがいます。高校を卒業してはじめて社会人として働く人や、他社で人間関係に悩んでレナードに入社したスタッフも少なくありません。ですからどんなスタッフでもわかりやすいように、できるだけ平易な表現にしています。何か壁にぶつかったり、悩むことがあれば、8つの基本原則と100のルールを読めば全て前向きに解決できるようになっています。

理念研修では、私がなぜこういう会社をつくりたいと思ったのか、レナードグループの生い立ちや私の想い、「感動創造」の意味と理由、8つの基本原則と100のルールを一つひとつ4時間かけて説明します。

理念研修は毎月1日に行い、新人スタッフが入社1日目に受講できるようにしています。マインドの土台形成を目的としていますが、それだけでなく既存スタッフも受講します。

会社の方向性と自分の求めているものを繰り返し明確にして、自己の現在地とさらなる目標設定、新たな決断をつくる場としても活用しているのです。

## 目標と現状のギャップを明確にする

理念・ビジョンだけでは具体的に何に取り組むべきかが不明確なので、目標設定は欠かせません。レナードグループでは「２０２５年に１００億円企業」という目標を掲げています。２０２０年の時点ではまだ年商30億円台。１００億円企業になるためには、約70億円のギャップがあります。

そこで１００億円企業の組織体を実現するには何が足りておらず、何が必要なのか？

私はいつもこれをイメージしながら、「こんな人が必要だな」「こういった体制が必要だな」「こんな評価システムが必要だな」と考えています。今、足りていないことを常にリスト化するのです。

また組織体としてだけではなく「100億円企業の社長にふさわしい自分像とはどのようなものか?」と、自分自身についても書き出します。自分に不足している点、成長させる点を書いていると、自分の至らなさを痛感しますが、「改善=成長」として、200項目にもなるリストを作りました。

理想と現実のギャップをたくさん書いて、リスト化して、それを計画に落とし込んでクリアしたものを消していく。これをやっていけば、自ずと成長を実現し、ビジョンのさらなる明確化と目標の達成が見えてきます。

レナードには常勝、目標達成が当たり前の文化があります。

自分たちで決めた目標を確実に達成するには、メンバーによる目標達成の目的・大義名分の理解が必要だと考えています。100億円というのは、ただの高い数値目標ではありません。

私は、売り上げとは、商品やサービスを通じ、お客さまの幸せとより良い人生に貢献する取り組みの質と量が明確に表れたもの、と考えています。

　ですから、レナードにとって年間売り上げ目標とは「感動創造」を1年間でどれだけ体現するかの量として捉えています。

　全従業員の感動創造の取り組みによって社会が幸せになりつつあると、従業員の日頃の生活においても実感してほしい。その想いから、それを実現するには最低限年間100億円分、お客さまに幸せの貢献をすべきだという考えです。


　やみくもに「100億円行くぞ！」と叫んでも、社員は誰も「やるぞ！」とはなりません。それどころか、「自分たちは大変になるだけで、社長が儲けたいだけでしょ」と白けてしまうでしょう。

　大切なことは、次のような質問で、まずはイメージを抱かせること。


　100億円企業になった暁には、どんな価値観を持つことができているか？

　どんな生活水準を手にしているか？

　どんな成長を遂げているか？

　どんな自分を手に入れているか？

そして大きな目標をみんなで達成すること、社会に貢献していることを常に実感することで、自己に誇りを持てるんだよ、人生の豊かさはこのようにして手に入れていくんだよと、全従業員にとって共通の目標になるように、ビジョンをより具体的に伝えるのです。

すると、ある事業部が「社長、半分の50億、うちの事業部でやらせてください。私たちは50店舗展開を実現するので売上計算すると50億が実現してしまうことになります」と言い出しました。また別の事業部が「いやいや、僕たち営業部が半分以上やりますから」と言うではありませんか。

先ほど会社を大きな船にたとえましたが、目指すべき宝島が明確になれば、クルーは自らの宝を定めるのです。そして一丸となって一生懸命に船を漕ぎ進めるのです。

将来どうなるのか、明確な見通しを立てることが、いかに経営で大事なことか。

それぞれの事業部が自ら率先して手を挙げてくれるのを目にして改めてその大切さを実感しました。

ビジョンや目標は、
「できる」「できない」の観点で絶対に設定しない。
心の底から「実現したい」か「したくない」かの
観点で設定する。
壮大かつ不可能に近い理想であっても、
数値化し期限を設けてしまえば目標となる。
目標として明確になれば実現に向かう。

第3章

# オンリーワンも理念から生まれる

## 「見捨てられた」と思っていたサロン

レナードを創業してまだ3カ月ほどの頃です。前職のお客さまで、岡山県と兵庫県で4店舗を展開するエステティックサロンのオーナーから1本の電話が入りました。

「お店を売却したいから、新しいオーナーを探してもらえないか?」

「買い手を探してみます。サロンを経営したい人はいると思いますよ。M&Aを持ちかけるには、サロンの現状を知らなければなりません。一度、現場のマネジャーさんと話をさせてもらえませんか?」

そう伝え、私は関西に出張する折に岡山まで出向いて、4店舗を統括するマネジャーに会ってみたのです。

「これが今のお店の状況です」

マネジャーは、4店舗の状況をしっかりまとめていました。

しかし、私はその資料を見て愕然としました。散々な経営状態だったのです。人件費も払えないような売り上げの店舗もありました。スタッフの給料は出ていましたが、かわいそうなぐらい安かった。マネジャーですら、手取り月18万円前後でした。

「この資料、すごく良くまとまっています。このまとめ方は誰に教えてもらったのですか？」

「誰にも教えてもらっていません。自分で考えてやっています」

「オーナーさんはこういうこと、教えてくれないの？」

「特に教えてもらえていません」

「じゃあ、マネジャーとしてどんなお仕事をしているの？」

「一人ひとりが前向きに頑張ってくれるようにサポートしています」

「そうなんだ、すごいですね。それは誰に教えてもらったの？」

「自分で考えています」

「オーナーさんは普段、アドバイスとかしてくれるの？」

「特にありません。私たちは私たちなりに頑張れる方法でやっています。でも、この程度の成果なので、本当に迷惑をかけています」

マネジャーはそう話しながら、目に涙を浮かべました。

「そうか。それでも、すごく頑張っていると思いますよ。私はたくさんのエステサロンを見てきたけど、あなたのマネジャーとしての姿勢は素晴らしいですよ」

すると、マネジャーの目からは堰《せき》を切ったようにポロポロと涙があふれてきました。その涙を見てしまったら、私は放っておけなくなりました。

「こんな純粋に前向きに頑張ろうとしているのに……。このマネジャーと、その後ろにいるスタッフたちの成長のために、自分のできる限りのことをやってあげたい」

私にそう思わせるものがありました。

「もしかしたら私が新しい社長になるかもしれません。そうなったときは一緒に頑張ろうね。今から君のオーナーさんに電話してあげるよ。私が4店舗を引き受けるって」


その場でオーナーに電話を入れました。

「三原さんのことなので、そう言うと思っていました」

そう来たか、と思いました。オーナーは私が引き受けるだろうと読んでいたのです。

# 使命を伝えるだけで、売り上げが20倍に

私もやるからには、スタッフの一人ひとりの成長と、エリアで一番お客さまに満足してもらえるサロンを実現したい。その一心で覚悟を決めました。

実際に4店舗の業績は低迷していましたが、マネジャーだけでなく、スタッフの一人ひとりが本当に素晴らしい人たちでした。すごく純粋で、前向きに「何とか頑張ろう」という思いを持っていました。それがたったひとつの救いでした。

2013年4月、はじめて全スタッフを集めて、私はまずこう問いかけました。

「みなさん、エステティシャンとしての使命・目的は何ですか？」

すると、スタッフは誰もが「お客さまをきれいにすることです」と答えます。

「それだけかな？　なぜ、人はきれいになりたいのかな？」

「自信を持ちたいからです」

「彼氏が欲しいからです」

「なんで人って自信を持ちたいの？」

深掘りをしていくと、絶対に行き着く答えがあります。

「幸せになりたいから」

これです。

セミナーでも、新人教育でも、私はいつも聞きます。もう500人以上にこの質問をしていますが、「なんで？」「なぜそうなの？」を繰り返していくと、絶対に「幸せ」にたどり着きます。

人がきれいになりたいという願望や欲求の実現は、幸せへのプロセスに過ぎません。女性にはきれいを実現することで幸せになりたいという、生まれ持った遺伝子レベルの願望があるのです。

「あなたたちの使命は、結局、何なのか？」

それを突き詰めていくと、「エステサービスを通してお客さまを幸せにすること」に行き着きます。

当時、私は毎月各店舗をまわりました。理念を伝えていくためです。理念という言

## 所信表明

リリアーレ　スタッフの皆様へ

はじめまして。
本日より、エステティックサロンリリアーレの新たな経営者になりました、
レナード株式会社の三原孔明と申します。
よろしくお願い致します。

とても明るく優しい素晴らしいTオーナーから知らないオーナーに変わるということで、皆さんも寂しさや困惑、心配があるかと思います。

私がリリアーレを引き継いだ理由は、
Tオーナーから、従業員が素晴らしい方々ばかりというお話を
お聞きしたのが発端です。
そして桐畑マネジャーからもリリアーレの詳細をお聞きして、
是非、リリアーレの従業員の皆さんに、さらに夢を持ち実現してあげられる
ステージを用意したいと思い、引き継ぐことを決意しました。

のびのびと楽しく仕事ができる職場環境の中、お客様に沢山の喜びや感動を与え、
それが結果的に売上、給与となり、皆さんがプライベートでも仕事でも充実し、
毎日キラキラ輝いて生活できるように、全社員を導いていきたいと思っています。

皆さんがより活躍できる環境作り、
お客様がより満足して頂けるお店作りに伴い、
今後、いろいろな変化があり更に困惑することもあると思いますが、
ご理解、ご協力お願い致します。

「一人の悩みは会社の悩み」として解決に努め、
「一人の夢は会社の夢」として実現できる会社作りをみんなでしていきましょう！

書面で簡単ではございますが、所信表明とさせて頂きます。

それでは皆様にお会いできる日を楽しみにしています！
これからよろしくお願い致します。

２０１３年4月1日
レナード株式会社
三原　孔明

リリアーレ（現ミラエステシア）スタッフへの手紙。M&Aの当日、スタッフに渡しました。

葉を使っても、当時の彼女たちは理解できていませんでした。だから使命という言葉を使いました。

「売らなくちゃいけないのではないよ。売ることが使命じゃないよ。お客さまをきれいにして、その先の幸せを提供することがあなたたちの本来のお仕事ですよ」

あとから聞いた話ですが、そんなことを言われた経験のないスタッフたちは「この人、絶対に裏がありそうだな」「きれいごとばかり言っているけど、本性は違うぞ」「何だか怪しい人だ」と噂していたそうです。

実際に出会ったばかりで、急に熱狂的な社長が現れたら誰でもそう感じるでしょう。

私もそう思われていると感じていましたが、それでも、私が一貫した姿勢を見せ続ける決断をしたことと、何があっても全スタッフに成長と充実感を与えたい一心で向き合ったことによって、3カ月くらいかけて、徐々にスタッフに私の想いが伝わっていきました。

すると、驚くべき変化が起きました。私はただ使命を伝えただけなのに、業績が激変したのです。もちろん、ある程度は競合に打ち勝つマーケティング戦略を実践しましたが、ただスタッフが自分自身に使命を落とし込むだけで、高い成果が上がるエステティシャンになっていったのです。その変化は私も驚くほど。見違えるように変わりました。

M&A実施の前、売り上げが月50万円だった店舗が、1年後には10倍の月500万円になり、さらにその1年後には月1000万円になっていたのです。ざっと20倍です。この間、スタッフはほとんど入れ替わっていません。

当初は4店舗でしたが、スタッフから「店舗を出したい」「私は神戸に出したい」といった声が挙がったり、「東京に進出しませんか?」と声がかかったりして、M&Aから7年後、「ミラエステシア」というブランド7店舗になりました。

ちなみに、M&Aの前から奮闘していたマネジャーは、数年経った今も「ミラエステシア」のマネジャーを務めています。手取り月18万円くらいだった給料は、何倍にもなっています。当時のスタッフは、今や幹部です。銀座店の店長や沖縄のマネジャーなどにステップアップした彼女たちの成長こそが、現在のレナードグループの文化や基盤を築き、他事業部に伝承されている原点となっています。

# 使命が明確になるだけで、成果は出る

成果が出る人と、成果が出ない人。

この2人は何が違うのでしょうか。

私が実体験に基づいて感じているのは、全ては使命・目的が明確に定まり、自分自身に落とし込まれているかどうかという違いです。

数字を上げるためではなく、大切なお客さまに人生レベルで貢献したい、そんな真っ直ぐな100%の想いを持ち、使命・目的を果たす取り組みに最善を尽くすことができる人が、成果の出る人です。

たとえばエステティシャンなら「お客さまをきれいにして幸せにしたい」という使命をしっかり持って、本気でお客さまと向き合っていたら、嫌でも成果は上がっていきます。

## レナード流「成功実現ピラミッド」

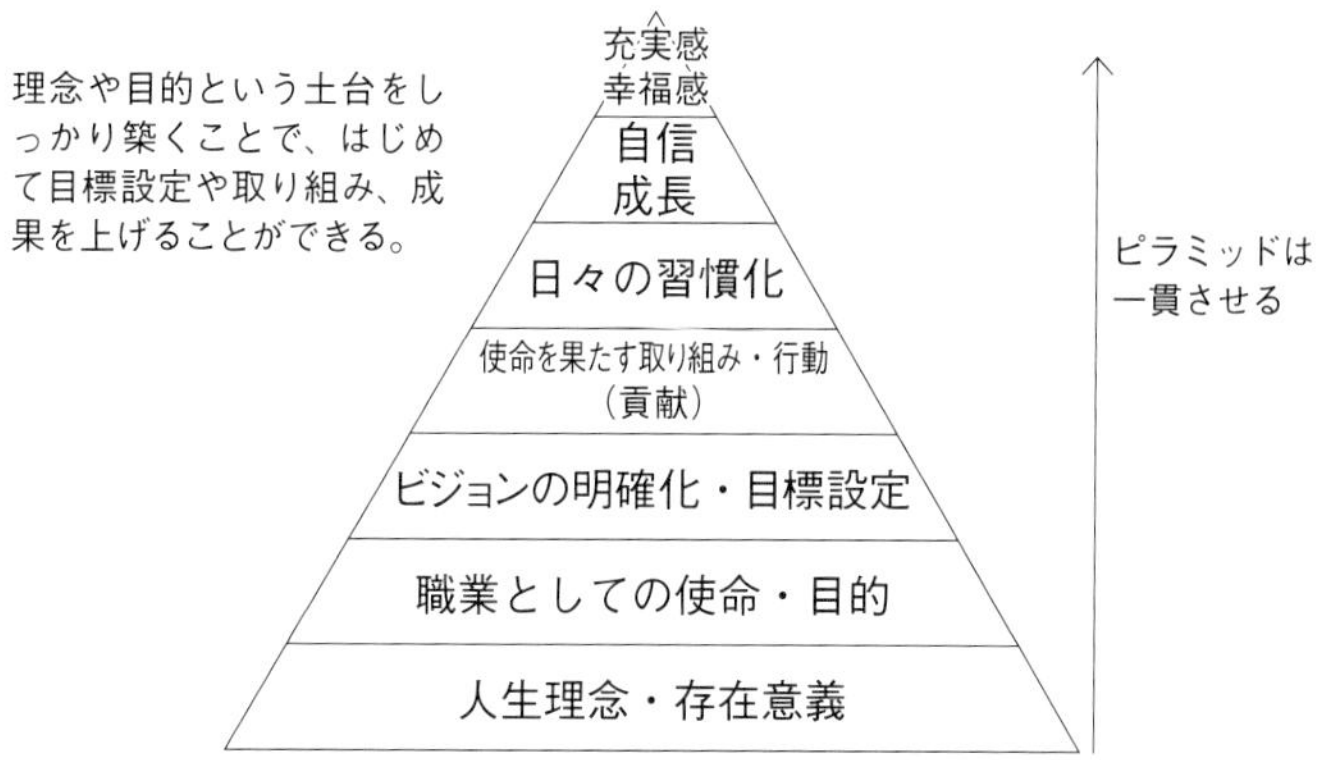


毎月行われる役職別研修（詳細は第７章参照）では、このピラミッドを使って、今、抱えている課題の本質的な原因はどこにあるのかを明確化し、新たな成長目標を立てます。

私はこれまでいくつもの店舗のＭ＆Ａを実施して、いろいろな人たちを育成してきましたが、最初に必ず理念や使命、目的を教え込みます。

一般的には売り上げを上げるためのトーク術を教えることが多いと思いますが、使命・目的の土台がない状態でスキルを教えても、ただの小手先のテクニックになってしまいます。まずはスキルよりもマインドの育成。

理念や目的という土台をしっかり築くだけでスタッフ一人ひとりに主体性が生まれ、チームの活気が生まれ、売り上げは何倍にも伸びていきます。

一方、20代の私がそうであったように、使命・目的がなく、ただひたすら目標達成のためガムシャラに取り組み、一時的に成果をあげたとしても、充実感は一切ありません。成長を感じることなく、チームの雰囲気も良くありません。一時的であり時には破壊的であり、自分自身の将来につながる成果ではありません。

人生に正解があるとすれば、少なくとも「今」が良ければいいというものではありません。人生の最後を迎えるとき、自分は幸せだったと思えるか。これに尽きると思います。「今」の売り上げが多い会社、少ない会社があります。しかし、「今」だけで勝負しているわけではありません。人生を全てひっくるめて幸せだったか、何を成し遂げることで成功だったかと考えるべきだと思います。

ですから、自分自身の人生の理念・使命・目的。そしてそれらを実現するための職業としての理念・使命・目的。こうしたことを明確にすることが極めて大切なのです。

## お客さまとの間に生まれた 感動創造エピソード①
### スリムスパレディ池袋西口店　清水　望さん

以前、当社のコースに通っていたお客さまになかなかやせない方がいました。コースが残り少なくなったので、カウンセリングで願望や目標を伺いました。ところが、話を聞いていて私は、それはお客さまにとって燃えるような願望ではないと感じました。

「今、おっしゃっていた願望や目標が達成できたら、キラキラした人生に変わりますか？」

「んー、うれしいけど、キラキラはしないな」

今までやせなかった理由は、その願望を本気で叶えたいと思えていないからではないか？　本当はもっと違う願望があるのではないか？　そう尋ねると、お客さまが人間関係や恋愛トラブルなど、つらかった過去を話してくれました。そして、「実はその人たちに会う機会があるんです。だから見返したい。昔はいじめられたくなくて、傷つかないフリをしたり、かかわらないように避けていたんです。だけど今、その人たちのせいにしていた自分に気づきました。やせてきれいになり、強くなった自分を見せたいです。そうすれば前向きな自分に変われる気がするんです」と言ってくださいました。

そして、一緒にダイエット年表をつくり、もう一度スタートしようと話をしました。きれいになることがゴールではなく、きれいになったその先にある自分の変化にお客さまが気づいて前を向いてくださったことが、エステティシャンとしてすごくうれしく、まさに感動創造を体感した瞬間でした。

最後までお客さまの願望達成をサポートする決意とともに、職業に対しての自信が増し、会社の理念を本当に素晴らしいと改めて誇りに思いました。

**お客さまとの間に生まれた　感動創造エピソード②**

スリムスパレディ新宿南口店　菅沼美沙さん

そのお客さまとはじめてお会いしたときは、目もなかなか合わせてもらえず、自信がない、人とかかわることが苦手とおっしゃっていました。最初は話もうまく続かず、こちらが質問を繰り返すような形でコミュニケーションを取り続けたところ、少しずつ目を合わせてもらえるようになり、お客さまの方からお悩みを話してくれることも増えました。小柄で可愛らしい方でしたが、それでもやせたい！　可愛くなりたい！　とのことで、最初はとても意識が高い方だと思っていました。ところが、友人に半分冗談でブスと言われて自信を失ったとのこと。自信をつけるために変わりたいんだなと感じました。

通っているうちに顔つきが変わり、プライベートの話も多くなり、前に比べたら周りからも可愛がってもらえている気がするし、苦手だったＳＮＳもやっと始めることができました！　と報告してくれたり、ここに通ってから変わり始めた！　と、笑顔で言ってくださいました。

お客さまが自分からプラスの発言をしてくれたこと、ひとりの人生や考え方を変えられたことがうれしく、私の使命でもある「一瞬の笑顔や幸せではなく一生の幸せと笑顔を提供する」を叶えられた瞬間です。すごくうれしく、やりがいと今の自信につながっています。

## 「お客さまの成功」のためのはずが……

私が２０１２年にレナードを設立して取り掛かったのは、最新式の脱毛機の開発でした。当時は全身を脱毛しようとすると、３時間、長いと6時間もかかりました。

エステティックサロンは最初にお代をいただくビジネススタイルが一般的でした。たとえば「10回コースが30万円」といった前払いです。

お客さまがたくさん集まれば、売り上げになります。そのお金を元手に店舗展開していきます。大手の脱毛サロンはこの仕組みで一気に店舗を増やしているのです。

しかし本来であれば、お客さまから10回分の料金をいただいているなら、まだ施術を行っていない10回分のお金を蓄えておかなければいけません。ところが、それを使って次の店舗を出してしまいます。

その結果、どうなるでしょうか。10回分の施術がたまっている。しかも施術時間が長い。店舗のベッド数と営業時間は限られていますから、お客さまはいずれ予約がなかなか取れなくなってしまいます。苛立《いらだ》ったお客さまから「予約が取れないから、返金してほしい」とクレームが増えてきても、手元にキャッシュがないので払えません。それでパンクして倒産してしまう、というのが特にエステ脱毛サロンではよくあるパターンでした。

当時のエステティックサロンは、こうしたリスクが極めて高い業界だったのです。これを何とかしなければいけないと、私は考えていました。

私は営業マン時代から「お客さまの成功のために」「サロンさまの成功のために」という使命感を持って脱毛機を販売していました。ところが、そのような実態を知ったときに、自分が頑張れば頑張るほどお客さまであるサロンの首を絞めているのではないかと感じることがありました。

自分が良かれと思ってやっていることが、サロンを苦しめ、その先のお客さまに不愉快な思いをさせていたのです。私はそのことに気づいて、愕然としました。これではいけないと思ったのです。

当時はすでに脱毛サロンに通うのが当たり前の時代。新規のお客さまが増加傾向なのに施術効率が悪いままでは、業界的に将来、大変なことになると思いました。何とか流れを変えなければならない。少なくとも、1時間以内で全身脱毛が可能な脱毛機をつくらなければいけない。

それに、美容機器は海外製が多い。日本語ではなく、英語や中国語のタッチパネルという製品が多い。そうなると、エステティシャンにとっては操作が難しい。とりわけ機械に弱いスタッフには、使い方がわかりにくい。操作が極めてシンプルで、日本語でわかりやすく表示するマシンがあれば、現場のスタッフに喜ばれるはずです。

そんな問題意識から、起業してすぐさま、課題を解決する脱毛機の開発に取り掛かったのです。

## 脱毛時間を10分の1に短縮する新マシン

この世にまだ存在しないものをつくるのですから、どういうマシンにするか、私は考えに考えました。連射式にするのか。それとも一発で光る面積を広くするのか。あるいは日焼けサロンのように、カプセルに入ったら全身脱毛できるようにするのか。

製造の委託先である機械メーカーとやりとりしながらいろいろ考え、３台くらい試作しました。


最初は、光を当てる面積が大きいマシンを試作してみました。ところが、スタッフに試してもらったら、ハンドル部分が重すぎて「これじゃ、施術できません」。それなら連射式でいこうとなったのです。


その結果、時間を大幅に短縮できる連射式の脱毛機の開発に成功しました。

営業マン時代に私が販売していた脱毛機は、2～３秒で1発の光を当てていました。これに対して、新しいマシンは1秒間に10発の連射を可能にしました。施術のトータルの時間を10分の１に短縮できたのです。

時間が短縮されると、何が起きるでしょうか。多くの方にとって手の届きやすい脱毛価格になり、さらなる脱毛ブームが巻き起こりました。

レナードが開発した脱毛機が話題になると、他のメーカーも同じような連射式を出すようになりました。すると、連射式がスタンダードになったのです。少なからずエステティックサロン業界全体が抱えていたリスクの解消に貢献できたと思っています。

## 想いだけでなく「ここにしかないモノ」を

「なぜ、他のサロンではなく、うちじゃないといけないのか？」

私はよく、この質問をエステティシャンたちにします。

「私たちは、お客さまへの想いが違います」

スタッフたちは、そう答えます。

「いや、それはひとりよがりかもしれないよ。他の会社のエステティシャンだって、みなさん同じことを言っているよ」

私のセミナーは延べ1万名以上の方が受講してくれています。そこでも、みなさんが同じことを言っています。「お客さまに対する想いだけは負けません」と。

レナードグループのエステティシャンたちの想いは素晴らしい。それは私もわかっています。しかし、お客さま目線に立ったとき、本当にそれが伝わっているのでしょうか。残念ながら、「お客さまへの想いは負けません」は、どのエステティックサロンも掲げているフレーズです。

それではＵＳＰ（Unique Selling Proposition）にはならないのです。

ＵＳＰとは、簡単にいうと「独自の強み」のこと。お客さまにとって、「ここにしかないモノ」、「ここじゃなければいけないモノ」です。

なぜ、うちのサロンじゃないといけないのか？
なぜ、うちの脱毛機じゃなければいけないのか？
この問いかけは極めて大事です。

## ＵＳＰも理念がなければ実現不可能

レナードは２０２０年時点、さらに改良した「バイマッハ」という脱毛機をリリースしています。これを開発する際、世界初を7つ盛り込もうと目標設定しました。USPをつくるためです。

サロンの成功につながり、多くのお客さまを幸せにできて、ここにしかない。そんな脱毛機を開発しようと考えました。

より効果的なもの。より付加価値が高いもの。より短時間でできるもの。より安価なサービスを提供できるもの。切り口はたくさんありますが、それをいかにつくっていくか。

半年くらい、7つの世界初をどうしようか常に考えていました。5〜6個はその場で思いついたのです。しかし、それだけではインパクトが足りません。まねされる可能性はいくらでもあります。どこにも模倣できない圧倒的なUSPの実現を考えました。

そうした試行錯誤の末に誕生したのが「バイマッハ」です。脱毛しながら美白効果を得られたり、脱毛しながらバストアップできたり、脱毛しながらやせられる機能を付けました。イオン導入といって、化粧品の成分を皮膚の中に入れる機能も付けました。これは今、特許申請中です。レナードにしかないものなのです。これは、圧倒的

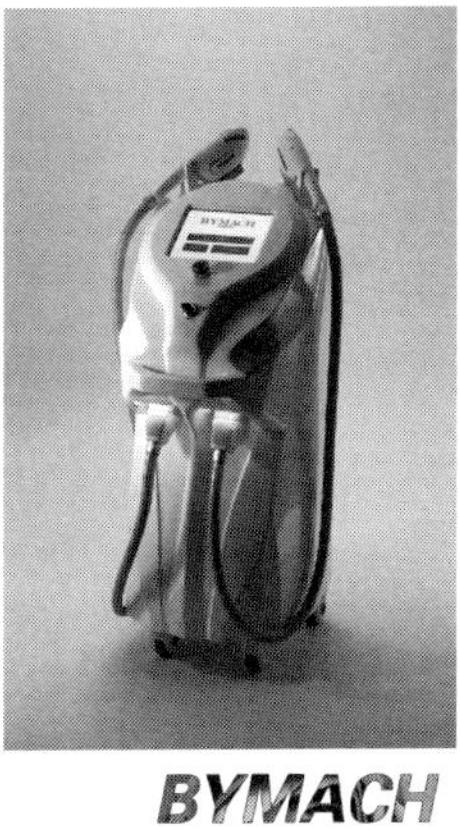


## ７つの世界初

1. イオン導入同時照射
2. 2本ハンドピース同時冷却
3. ワンタッチ日本語タッチパネル
4. IPLモード、SHRモード両対応
5. ブラックピーリング対応
6. 拭き取らないジェル対応
7. 脱毛効果品質保証制度

「７つの世界初」でレナード独自の強みを打ち出した脱毛機「バイマッハ」。

なＵＳＰです。差別化です。

「バイマッハ」を導入していただいたサロンも、ＵＳＰを打ち出すことで、集客ができます。お客さまの満足度もガラリと変わります。お客さまが本当の幸せに近づいていく。それを実現するのがＵＳＰなのです。

製品力とは、お客さまに喜んでいただける、自社にしかない価値をつくっていくこと。これは、理念がなければできません。ただ売れる脱毛機を考えるだけではできません。

お客さまにどんな価値を提供したいのか？　お客さまにどんな状態になっ

てほしいのか？　こうしたことをトコトン突き詰めていかなければ、圧倒的に差別化できる商品はつくれません。

バイマッハを導入すると、なぜ売り上げが伸びるのか。単純にお客さまが増えるからです。集客の要は差別化、つまりＵＳＰです。

「なぜ、ここじゃないといけないのか？」。エステティックサロンのオーナーもスタッフも、それが明確に言える状態でなければなりませんが、その武器を持っている人はほとんどいません。

逆にいえば、武器を手に入れることができれば、お客さまが集まるわけです。

「バイマッハ」は、その武器になるのです。

## ４００万円の商品に月間１００件以上の問い合わせ

「バイマッハ」へのインターネット広告からの問い合わせは、月に１５０～１８０件です。４００万円近くする商品に、これだけの問い合わせが入ってくるのは珍しいのではないでしょうか。

もちろん、問い合わせのあったお客さま全てが購入しているわけではありませんが、インターネット広告の世界では、４００万円の商品なら問い合わせは月10～20件が妥当です。私は、最初から１００件を目指しました。もう1年近く月１００件以上をキープしています。

はじめは、同じ方が繰り返し問い合わせているのかと思っていました。しかし、そうではありません。年間にすると２０００件を軽く超える問い合わせがあるわけです。「こんなに脱毛機のニーズがあるんだ！」と自分でも驚いています。

かつては6時間かかっていた全身脱毛が、今は1時間で終わる。このことに魅力を感じてくださるオーナーが多い。しかも、レナードは直営店で実践して成功しているので、机上の空論ではありません。

実は「バイマッハ」のマーケティング戦略は、矛盾したことを行っています。製品自体にＵＳＰがあり、動画やホームページなどを駆使した圧倒的な集客によって、どんな営業マンでも売れる状態にしています。誰が営業に行っても売れるというマーケティング戦略です。

一方で、営業マンには、どんな商品でも売れる営業力を身に付けさせています。

これは「掛け算方式」です。

「誰でも売れる商品」×「何でも売れる営業マン」。

この掛け算です。すると、爆発的な成果につながっていくのです。

## 月商5万円のサロンが大変身！

実際に、「バイマッハ」を導入して、見違えるように成功したサロンはいくつもあります。私がまだ営業担当者に同行していた4年くらい前のこと。営業担当者と一緒に大分県のサロンを訪ねました。

オーナーは親と同居しているシングルマザーの方で、自宅の2階で子育てをしながらネイルサロンを開いていました。売り上げは月5万円から10万円とのことでした。

話を聞いてみると、本人にはもっと売り上げを伸ばしたいという意欲がありました。

ネイルだけでなく、脱毛にも興味があるので問い合わせてきたのです。

「シングルマザーでも活躍できることを証明したい」

そんな理想像を思い描いていたようです。ところがどうしたらいいかわからなかったのです。前向きさを強く感じた私は「この方はやりそうだ」と直感しました。

「バイマッハ」を導入いただき、広告の出し方や集客の仕方もアドバイスしました。ノウハウを全て教えたのです。

3カ月後には、売り上げが月100万円になりました。月5～10万円だった売り上げが100万円です。

さらに1年半後。あまりの繁盛ぶりに自宅が手狭になり、近くに土地を買って、お店を建てました。最初は1人で切り盛りしていましたが、とても手がまわらないので、スタッフを雇うようになりました。このような話はレナードのお客さまではよくあります。


この話には続きがあります。

そのオーナーは、私のセミナーにも足を運んでくれました。そのときの内容のひとつが「将来のビジョンをつくろう」。そのオーナーのお店は大分にありましたが、福岡に出店して、その後は東京、名古屋、大阪、札幌など日本の主要都市に出店するというビジョンを掲げました。さらに「いつかは海外展開したい」と書いてあるではないですか。

成功とともに、夢がどんどん膨らんでいっているのです。

私にとって、これはすごくうれしいこと。もともと自宅で月10万円の売り上げだったサロンが、世界展開まで視野を広げ、ワクワクする未来を描くことができたのです。

これを私は「価値観の変容」と呼んでいます。

経営者としても、その方の人生においても、とても偉大な価値観の変化だと思うのです。

そのオーナーのお店は、相変わらず繁盛しています。先日、そのオーナーのブログを読んでいたら、ヨガスタジオをオープンさせたとのこと。すごいことになっています。

## 理念に基づく経営が成功につながる

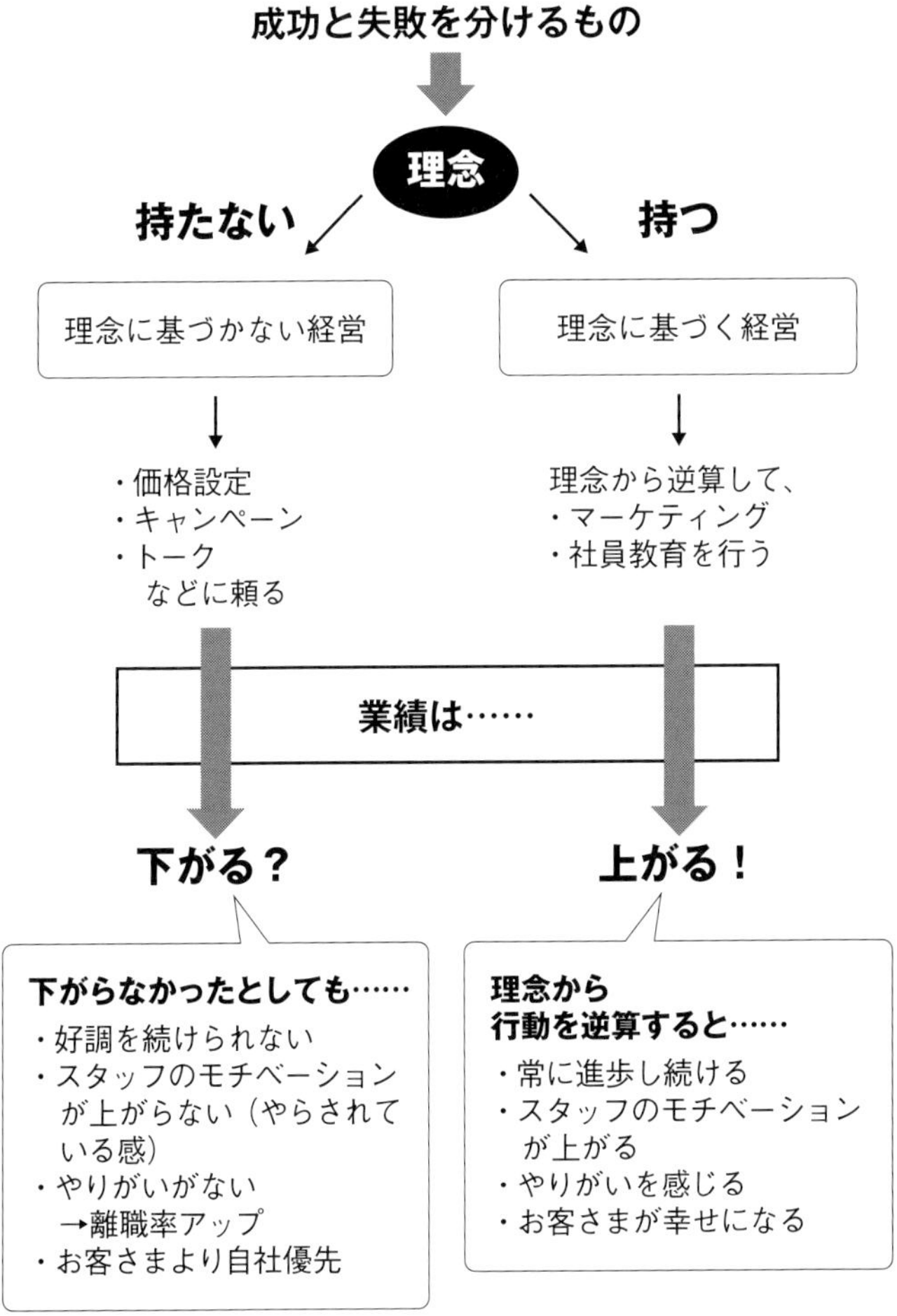
成功と失敗を分けるもの
理念
持たない
持つ
理念に基づかない経営
理念に基づく経営
・価格設定
・キャンペーン
・トーク
などに頼る
理念から逆算して、
・マーケティング
・社員教育を行う
業績は……
下がる？
上がる！
下がらなかったとしても……
・好調を続けられない
・スタッフのモチベーションが上がらない（やらされている感）
・やりがいがない
→離職率アップ
・お客さまより自社優先
理念から
行動を逆算すると……
・常に進歩し続ける
・スタッフのモチベーションが上がる
・やりがいを感じる
・お客さまが幸せになる

# 第4章

# 社員の願望を実現する

## 相手の願望を自分の願望にする

私は家族と従業員の願望を叶えるためにこの命を使い切ると決断しています。

仕事において社員の願望を実現することが私にとっての最大の原動力であり、従業員の成長を感じられるときが一番の充実感を得られる瞬間です。

「企業の成長は人の成長あってこそ」ということは多くの方が理解していますが、私はさらに「従業員の願望実現こそが会社の成長」と捉えるようにしています。

最近、特に意識しているのは、サロン出店のタイミングです。

私は出店のシーズンを強く意識することはありません。

それよりも何のために、誰のための出店なのか？　という目的を重要視しているからです。

たとえば「店長になりたい」というスタッフがいるとします。そのスタッフが成長して店長を担えるようになってきたら、そのスタッフの願望を実現するために新しいお店を出すといった流れです。

といっても、創業当初からこの流れで出店していたわけではありません。起業して3年目くらいまでは、とにかく店舗展開を急いでいました。勢いだけで走っていたのです。そのわりに当時は、何をやってもそこそこ全てうまくいっていました。達成旅行で年2回海外にも行っていました。まるでバブル期のように、次もうまくいくに違いないと考えて、横浜や銀座、神戸に次々と出店しました。まず出店ありき。そのあとに必要な人数の人材を採用して、育成していく方針を取っていたのです。その頃はまだ少人数でしたし、自分の育成力を過信していたのだと思います。

ところが店舗をオープンして半年くらい経つと、雲行きが怪しくなってきました。いつものような成果がまったく上がらないのです。スタッフの力が入っていないわけではないのに、何かが欠けていました。スタッフ一人ひとりの強い願望が欠けていたのかもしれません。
会社全体に勢いはありました。しかし、勢いがあっても、必ずしもみんなが同じ方向を向いていたわけではなかったのでしょう。そうなると、社員たちが会社の方向性についていけるかいけないのか、会社と合うか合わないかといった問題が浮上します。社員の離職率が高くなっていました。

何よりも本来の私は従業員を愛し、全力で向き合い、成長する姿を見ることに一番の充実感を抱いていたのにもかかわらず、調子に乗ってその大切さを忘れ、周りからの評価、自己満足を優先し規模拡大に走ったことが全ての原因です。それまで家族のように大切に想っていた多くの仲間を失うことになりました。

新しい店舗を出すから店長やろうよという押しつけではなく、本人に内在する願望を実現するためのレールを敷いてあげることが一番大切だと痛感させられた出来事です。

## 願望実現で新ブランドが沖縄に誕生

レナードを立ち上げて、最初にM&Aした「ミラエステシア」。その会社は兵庫県や岡山県で４店舗を運営していました。これらの経営を引き受けた経緯は第３章で紹介した通りです。

倉敷店でのこと。月50万円だった売り上げが1000万円になった頃、本当によく頑張っていたスタッフの小村さんが結婚して、配偶者が住む沖縄に引っ越さなければならなくなりました。

彼女の送別会が行われる倉敷市内のカラオケ店に私も参加しました。

そこでは本人も周りのスタッフも感謝の手紙を読み合い、ワンワン泣いていました。

本人は、「ミラエステシア」の仕事も仲間も大好きだと言っていました。

「会社を辞めたくない。みんなと別れたくない」

そう言うではありませんか。

本人の涙を見たら、がまんできなくなりました。

「沖縄にお店を出そう！　これが最後のサヨナラではないよ！　沖縄に出すから待っていてね」

私はそう言って彼女と握手をして一旦別れました。

それから3カ月ほど経った頃、1本の電話が入りました。沖縄で美容サロンを経営しているオーナーから「那覇の新都心という一番立地のいい店舗を閉めるけど、誰か物件を使う人はいない？」という相談でした。

「そういえば三原さん、エステやっているでしょう？」

「やってますよ」

「三原さん、ここでやればいいじゃん。家賃安いよ」

「やります。沖縄にうちの元スタッフが引っ越して、ちょうどエステサロンを開こうと思っていました。本人に確認してみますね」

彼女が退社したのは5月。その3カ月後、彼女に「お願いできないか？」と打診したら「やります」と即答でした。

そこで、すぐに物件を押さえ、「ミライ」という新しいブランドを立ち上げて出店しました。社員の願望ありきで行動した結果、お店ばかりかブランドも立ち上げることになったのです。

## 沖縄発の新たなビジネスモデルで首都圏逆上陸

「しまった……」

私は沖縄を訪れて、ほぞをかみました。街を歩いてみると、エステティックサロンがそこら中にあるのです。実は、沖縄は脱毛エステの超激戦区で、人口当たりの店舗数は全国トップクラス。私は出店を決めてからそのことを知りました。我ながら、こんな場所によく出店したと思いました。

もうひとつ、沖縄市場には特徴があります。それは、沖縄ではクレジットカードを使ったり、ローンを組むのに抵抗がある人が多いこと。

それなら、今までにないビジネスモデルで勝負しようと思いました。当時、エステティックサロンは「10回コースで○○万円」といった価格設定が一般的でした。

美容院のように1回ずつの支払いで、かつ1万円以内に収まるような手軽さがあれば、みなさんに喜んでもらえるのではないか。そう考えて「都度払い」のスタイルを導入しました。

すると、これが大当たり。3年間で10店舗にまで拡大しました。

「ミライ」は沖縄発のブランドですが、今では新宿や池袋、渋谷にもお店を構えています。出店のきっかけとなった小村さんは現在「ミライ」のマネジャーとして、毎月目標達成を成し遂げ大活躍しています。


**ミライスタッフ全員との間に生まれた 感動創造エピソード③**

ミライ株式会社　小村千明さん

去年の社員総会の2次会でのエピソードです。私はいつものように、スタッフの誕生日のサプライズパーティをしようと、大きなケーキをプレゼントしました。サプライズ成功～！　と思ったのも束の間、ムードが一変！　なんと社長やスタッフからの逆サプライズで、「ありがとう」の大合唱、一人ひとりからの寄せ書きのプレゼント。

ここまで来ることができたのも、三原社長はじめ、何もないところからお客さま満足度ナンバーワンのサロンを作ってくれたオープニングスタッフ、そしてミライの文化をより素晴らしいものに、たくさんの幸せの輪を広げてくれているスタッフのみんなの支えがあってこそと思うと、感謝の気持ちがあふれて、涙が止まりませんでした。人の温かさに触れたこと、愛を感じたこと、仲間の大切さを改めて感じ、言葉では言い表せないほど感謝の気持ちがあふれてきました。また、この会社で、この仲間と働けていることが当たり前ではないことも感じ、同時にさらにみんなの力になりたいと、身の引き締まる時間でもありました。

## 原則正社員雇用。パートは2人のみ

沖縄で店舗物件を紹介してくれたオーナーからは、別の相談もありました。他の店舗で店長を務めていた女性が産休から復帰するけれど、私のお店で引き受けてもらえないかという話でした。その女性は、5人のお子さんを育てながらパートタイマーとして沖縄の店舗を支えてくれています。

レナードには、パートは彼女を含めてたった2人しかいません。基本的には社員として雇用するからです。家庭の事情などでどうしてもフルタイムで勤務できない場合だけ、パートで雇います。

なぜ、パートを雇わないのか。それは、パートタイムで働くと理念浸透が難しいと考えていたからです。時間単位で働くと割り切るのは働き方のひとつなのですが、私は理念浸透の妨げになると思っていました。

ただ、レナードの2人のパートは別格です。第3章の感動創造エピソードで登場した清水さんもパートですが、店長クラスの役割を担ったり、売り上げトップクラスを達成しています。本人たちも「パートとして見ないでください。正社員の気持ちでやっています」と言うくらいです。ですから海外への社員旅行にも参加してもらうこともあります。

## 自閉症を克服して人気スタッフに

「ミラエステシア」では、他にもいろいろなドラマがありました。

あるとき、Ｓさんという女性が面接に来ました。Ｓさんは自閉症で、人とうまくコミュニケーションが取れないことを悩んでいました。それでも、何とかハンディキャップを克服して、エステティシャンとして働きたいという願いがあったのです。

とはいえエステティックサロンはサービス業。お客さまとコミュニケーションを取れなければ仕事になりません。お店としての目的も果たせなくなるかもしれません。それでも、マネジャーがＳさんの採用を決めました。

その報告を受けたとき、私は「お客さまからのクレームが来るかもしれないよ?」「育てきれるのか?」と苦言を呈しました。

「でも社長!」とマネジャーが言うのです。

「うちには『当社にかかわる全ての人が幸せで成功した人生を送ることを目的とする』という理念がありますよね? 私たちは、Sさんがエステティシャンになって人とどんどんお話しできるようになるチャンスを与えるべきじゃないですか」

その通りだと思いました。

「Sさんはすごくいい子なんですよ。根は素晴らしい子なので、私はできると思います。私はそこに賭けてみたい。チャレンジさせてください」

「そうか。わかった、それなら採用しよう」

私がSさんと会ってみたところ、やはり下を向いたままであまり話ができませんでした。しかし、何とか頑張っていきたいという気持ちが伝わってきて、期待が持てました。

Sさんの同期は2人。3人が同時にスタートラインに並び、一緒に研修を受け始めました。当時はまだ、新人を集めてトレーナーが研修する仕組みが確立していませんでした。現場の店長が一人ひとりにＯＪＴで教えていたのです。

はじめのうちは、Ｓさんは同期の２人についていけないようでした。そのため、たったひとり最後まで残って練習したり、朝一番に来て練習したり、マネキンの顔を家に持ち帰っては練習していたそうです。Ｓさんは誰よりも努力家でした。

それでも他の２人に追いつけません。２人は覚えが早くて、どんどん先に進んでいき、あっという間に一人前になったのです。

片やＳさんは２カ月遅れくらいのペースでした。Ｓさんは焦っていたことでしょう。毎日泣きながら練習していましたが、それでも諦めずに頑張っていたそうです。

少しずつ、Ｓさんは先輩のヘルプに入るようになりました。お客さまとひと言話せるようになり、ふた言話せるようになっていきました。一歩一歩成長していく自分に、少しずつ自信を持てるようになっていったようです。

レナードは毎月、全体研修を行っています。これは、全国の全てのスタッフを集めて、丸１日研修するもの。私はその機会に社員全体を見ることにしています。Ｓさんを見ると、少しずつ表情が明るくなり、顔つきが変わっていくのがわかりました。そのうち髪型が変わりました。化粧も変わって、おしゃれになっていきました。入社して半年くらい経つと、同期の2人に追いついてきました。お客さまともいろいろお話しできるようになっていたのです。

Sさんは根が素直。この素直というのは成長するために欠かせない資質です。Sさんは素直に理念を吸収してくれました。お客さまに対して「私の使命はこういうことです」としっかり伝えられるようになっていったのです。まっすぐ伝えられる人になり、どんどんファンが増えていきました。すると、本人はますます自信を持つようになりました。

1年後、Sさんは見違えるようにきれいな人になっていました。

「恋人ができました」

「良かったね」

「私、自信が持てるようになりました」

そのやり取りから2カ月くらい経ったとき、Sさんは香川県に転勤になった恋人について行くことになりました。レナードは四国にお店がありません。残念ながら退職することになったのです。

Ｓさんが最後に全体研修に参加したときのこと。研修の終わりに、みんなの前で挨拶をしました。

「私は、最初はこのように人前で話すことは絶対にできませんでした。誰かとマンツーマンで話すことすらできませんでした。それでもレナードに来て、みんなに支えていただいて、人と話せるようになりたいという夢を叶えました。みなさんのおかげです」

彼女は感極まって、泣きながら話しました。それを聞いていたみんなも大号泣です。

「四国では、私はパン工場で働きます」

Ｓさんはそう言うではありませんか。私は「せっかく人と話せるようになったのに、工場か！」と心の中で突っ込みました。

ところが。

「工場には、恐らく昔の私のように人とコミュニケーションを取るのが苦手な人が多いと思います。私は次の職場で、ここで学んだことをみんなに教えていく立場になっていきたいと思います」

人とコミュニケーションを取ることが苦手だったSさんが、かつての自分と同じ悩みを持つ人の助けになろうとしている。私は感動しました。人はこんなにも変われるのです。

カラオケボックスで開いた送別会では、みんなワンワン泣いていました。

「香川に店があれば……」

私は、ずっとこのときの悔しさが忘れられませんでした。引っ越した元スタッフのために沖縄にお店を出したのは、実はこのときの経験があったからです。このような悔しさはもう味わいたくなかったのです。

## 社員が最高の人生になる環境をつくりたい

レナードは、多くのエステオーナーから脱毛機専門メーカーと思われがちなのですが、実はここ最近、着実に成果を伸ばしている事業部があります。

それは化粧品事業部です。

本格的な新卒採用活動を始めた２０１７年、来年には化粧品事業部を作ろうと考えていた矢先、化粧品関係の仕事に就きたいという願望を持った大学院生の西さんが最終面接で私のもとにきました。

大学院では、ＡＬＳ（筋萎縮性側索硬化症）の研究を行い、実際に患者さんと向き合う毎日。身体が動かない患者さんに対してボランティア活動で様々な取り組みを行う中、ある日、化粧をして患者さんを癒す「コスメセラピー」という取り組みに参加することがあったそうです。

そのとき、患者さんが笑顔になりみるみる元気になり、これまで研究していた治療法では考えられない感動体験をしたそうです。

「美容の力ってすごい！　いつか自分で開発した化粧品で多くの人々を幸せにしたい」

そんな明確な願望を抱くことができ、就職先は化粧品関係の会社にしようと決断し、レナードを志望してくれました。

私は何百人の学生さんと面接をする中でも、特に西さんの強い使命感と将来に対する希望を感じることができました。この子なら将来化粧品事業部を担ってくれるレナードの幹部になるに違いないと確信し、入社までの1年間で化粧品事業部を作る準備を始めたのです。

入社1年間で先輩の手を借りながら、企画開発し商品化したアイテムは4点。

一番はじめにデビューした、クリームを塗ってマッサージをするだけで身体のその箇所が細くなるという「メディケアボディシェイプ」は全国のエステサロンに大ヒットしました。それに続き、バストアップクリームや小顔クリームといった「悩みを解消する化粧品」に特化したヒット商品をどんどん企画開発していきました。

西さんは企画開発だけではありません。

入社2年目から販促のためのセミナーを全国で開催し、自分で講師を務め、多くの取引先を自分で獲得してくるようにもなりました。

西さんが就職活動当時、レナードには化粧品事業部はありませんでした。

自分が入りたい事業部がない会社にも関わらず、入社を決断してくれた西さんの願望は絶対に実現してあげたい。

そしていつかは化粧品事業部の部長、レナードの役員、化粧品事業部を分社化して社長になり、豊かな人生を送ってほしいと思っています。

私は自分の会社を、社員のやりたいこと、願望を実現するための場所にしたいと思っています。お店を開いたりブランドを立ち上げたりするのもそのためです。

社員の願望を優先していると、自ら考え、自主的に行動しようとする社員が次々と出てきます。何でも良いのです。夢を持って、その夢に近づいていけばワクワク感がある。一人ひとりに願望があって、それを実現するために今があると思うのです。やりたいことがここならできそうだというワクワク感をつくること。これが大切です。

レナードという存在が、社員一人ひとりにとってあらゆる選択肢の中で最高の人生につながる環境でありたい。現時点でそれが完璧に実現できているわけではありません。それでも、みんなの願望を実現した集合体こそがレナードグループであればいいと心から思っています。

大切な人の願望を自分の願望にしてこそ、本気になれる。

そして、未来が開かれる。

私はそう信じています。

# 第5章

# マネジメントは愛を土台に

## 香港にはおもてなし文化はない!?

私はサラリーマン時代に面白い体験をしました。香港にエステティックサロンを出店させてもらったのです。

私が香港の店舗を担当して痛感したこと。それは、日本のようなおもてなしやホスピタリティの文化が香港には皆無だということです。伝え聞くところによると、香港に世界的に有名なテーマパークを開くとき、その会社の世界水準のサービスを導入するのを諦めたというエピソードがあるくらいです。

「お客さまに心から喜んでいただける取り組みをしましょう」

私がスタッフにそう言うと、すかさず、

「えっ、なぜですか?」

と返ってきました。私が何を言っているのか理解すらできていない様子でした。香港のスタッフは「私は給料以上のことをするつもりはありません」という意識だったのです。

日本では転職回数が多いと「ジョブホッパー」と呼ばれて採用担当者から敬遠されがち。ところが香港は正反対。転職回数が多い人は、採用担当者から「たくさんのことを経験している」とプラスに評価されるというのです。転職すれば評価が上がるなら、転職しない手はありません。ということは、育てても育ててもすぐに辞めてしまうということです。

私は、そんな日本とは全く習慣・文化の違う香港の地でスタッフを育成するという貴重な経験ができたわけです。

## 香港人スタッフが全員退職

香港にはダブルペイという制度があります。これは、12月の給料は通常の2倍払うというもの。日本でいえばボーナスのようなものです。

香港は1月末頃が旧正月。転職の盛んな香港では、ダブルペイを手にして、旧正月前に会社を辞め、旧正月後に転職するというのがよくあるパターンでした。

案の定、私が運営していた店舗でも、1月中に香港人のエステティシャン3人全員が辞めました。他に香港在住の日本人が3人くらいいたので、何とか営業は続けられました。またこの頃、香港は国中が転職時期だったので、新しいスタッフを採用するのも簡単でした。しかし、

「また辞めてしまう可能性があるから、6人採用しよう。その代わり、私が2月1日から香港に入って教育するよ」

私はそう宣言して、香港に飛びました。

私は男性ですから、女性専用のエステティックサロンに長時間いられません。私がいると営業できないからです。狭いスタッフルームの中でアドバイスしたり、お客さまが来店する前に朝礼を開いたり、閉店後の夜に終礼を行ったりしました。ときには、14時か15時にはお店を閉めて、ミーティングを開きました。

## まったく理解してもらえない使命や目的

「私たちの使命はお客さまを幸せにすることです」

「お客さまの期待以上のことをやりましょう」

私がそう訴えても、返ってくるのは「Ｗｈｙ？」ばかり。

最初の頃は、何を言ってもまったく理解してもらえませんでした。朝礼で１日の目標を掲げさせても、「今日は何々を売ります」だけで終わり。お客さまにコミットする姿勢は見られません。


なぜ、わざわざ香港にエステティックサロンを出店したのかといえば、日本のサービス、日本のおもてなしで世界中の人を幸せにしたいという使命感があったからです。「売り上げを上げろ」「売れました」だけではダメ。お客さまが日本のおもてなしを感じて、それが成果につながるということを実現しなければ、香港に進出した意味がないと思っていました。だからこそ、スタッフに使命や目的をどうしても伝えたかったのです。ところがまったく理解してもらえませんでした。

私はインターネットで調べて、香港にある日系の人材会社を探し出して相談してみました。すると、わざわざ支社長が出て来てくださったのです。

「私は、日本のようにホスピタリティのあるサービスを提供したい。ところが、香港人のスタッフに自分の想いがまったく伝わりません」

「それはそうですよ。諦めた方がいいです。郷に入れば郷に従えで、香港人にそんな考え方を押しつけること自体が間違っていますよ」

支社長からはこう言われる始末。

香港に来て2週間、何も成果を出せてないこと、文化がまったく異なるスタッフに対しての育成方針自体が間違いなのか？　そもそも自分にはそんな大それた育成なんてできる力はないのか？　いっそ諦めて日本に帰るべきか、毎日悩みに悩みました。


そんな中、忘れもしない2月14日。

日本にいる妻からお店にバレンタインチョコが届きました。

一緒に入っていた手紙を非常階段で開くと「孔ちゃん、自分を信じて諦めないでください」と記されていました。

私が信じていたこと、それはやはり「お客さまを幸せにする使命を持つことの大切さ。そして日本のおもてなしによって感動レベルのエステサービスを提供できる」ということを、改めて思い返しました。

そのとき、妻への感謝の気持ちからか、胸のつかえから解放されたのか、自然と涙が出てきました。


そして、絶対に諦めずにやり切る！

そう決断しました。

## あきらめずにかかわれば、人は変わる

翌日から、香港人スタッフにホスピタリティを理解してもらうための取り組みがはじまりました。

「あなたがエステティシャンとして楽しいと思える瞬間はいつですか？」

「エステティシャンをやっていて良かったなって思える瞬間は、どんなとき？」

香港のスタッフに粘り強くそう聞いていくと、

「お客さまに『ありがとう』と言われたとき」

「『きれいになった』って言われたとき」

という言葉が返ってきました。

「そうだよね」

香港のスタッフにも、そうした想いはあるのです。私に問われるまで、改めて考えることがなかっただけです。

積極的なかかわりを続けていく中で、香港人スタッフの表情が少しずつ明るくなっていきました。積極的に質問も出るようになりました。

同じ「Ｗｈｙ？」でも、私のアドバイスに対して、深く掘り下げるための「Ｗｈｙ？」が返ってくるようになったのです。毎回のように「Ｗｈｙ？」と質問されるので、私は「Ｂｅｃａｕｓｅ、こうこうで」と簡単な英単語を並べて説明しました。すると、接客にも次第に変化が現れてきました。

「最近、店舗がなんか明るくなったね」

「照明を変えましたか？」

「壁紙を変えましたか？」

お客さまからの質問が増えました。しかし、照明や壁紙は開店してから一切変えていないのです。

「恐らく、君たち自身が明るく、すごくいい接客をしているからだよ」

私は、そうスタッフに伝えました。お客さまからの反応をもらって、スタッフたちはどんどん自信が高まっていきました。

そんなある日、一人のお客さまが10人の友人と手を繋ぎながら連なって入店したことがあったのです。

「本当にここのサロンは素晴らしいから友達を連れてきたわよ」

こんなこともあり、気づいたら売り上げも伸びていきました。３月の売り上げが前年の３倍にも達したのです。

おもてなしに対する価値観。転職に対する価値観。こうしたものが日本とはまるで違う香港の人たちでも「何のために？」と目的を問いかけていくと変わっていくのです。

諦めずにどれだけ深く深くかかわれるか。

人として大切なことをどれだけ伝えられ感じさせられるか。

上司は絶対に部下の手を離してはいけない。

何があっても。

どんなに価値観や文化が違ったとしても、心を通わせ、愛を感じることで、人は変わり、成長し、最終的に成果につながっていく。

このときの体験が、私の社員教育に対する考えのベースになっています。

## 50店舗買収。フタを開けたら10店舗赤字

日本で元々取引先だった企業のM＆Aを実施することになり、私は香港を離れることになりました。買収先の会社が経営していたのは50店舗のエステティックサロン。私は営業部の部長職を続けながら、その会社の社長を務めることになったのです。3月に香港から帰国して、6月にはもう50店舗を運営する子会社の社長になることになったのです。

社長就任までの3カ月間、不安で眠れない毎日。

カリスマ的な社長から、次の社長は脱毛機の営業マン。
スタッフさんにはどう思われるだろうか？
不安に思われるのでは？
そんな力、僕にはあるのか？

人からどう思われるか？　人からの評価ばかり気にしていましたが、こんなことばかり考えていてはいけないと思い、以前受講したセミナー、私の人生が変わるきっかけとなった講座「頂点への道」（第1章参照）のテキストを再度開いたのです。
そこにはセルフカウンセリングといって、次の質問に答えて目的と行動を明確にするものが記載されていました。

1. 私は何を求めているか？
2. 私にとって一番大切なものは何か？
3. そのために今何をしているか？
4. その行動は私の求めているものを手に入れるのに効果的か？

5．もっと良い方法を考え出し実行してみよう。

このセルフカウンセリングを改めて行い、私にとって一番大切なことは、スタッフの成長と願望実現であり、自分がどう思われるかを気にするよりも、「自分がどれだけ相手を想い、行動するか」の方が大切ということに気づきました。

「自分に矢印を向けるのでなく、100％相手に矢印を向ける」

今まで悩んでいた自分から解放され、使命感に満ちあふれるようになったのです。

## スタッフとしっかり向き合うだけで黒字転換

その会社のM＆Aを実施して、私は50店舗の子会社の社長に就任しました。フタを開けてみると10店舗が赤字。全体的にはすごく好調でしたが、その10店舗は立て直す必要がありました。

私が最初に取り掛かったのは赤字店舗を立て直すこと。赤字店舗を優先的にまわって「新しい社長の三原です」と挨拶しました。すると、赤字店舗のスタッフが驚いているのです。

「本社の人が来るなんて……私たちはもう見捨てられたと思っていました」

「どんな相談をしても聞いてくれません。どうせ目標未達成のチームなんだから、何しても怒られる。だから、私たちは本社の人たちと連絡を取ることもなければ、会議に呼ばれることもありません。どうすればいいのかわかりませんでした」

「そうでしたか。もう大丈夫ですよ。僕が社長になりましたから、一緒に頑張りましょう」

そう話すと、スタッフたちが泣き出しました。会社とかかわりがない中でも、懸命に頑張ってきたのがよくわかりました。

「本当はどうなりたいんですか?」

「もっとお客さまとかかわって、いろんなことを提案して、もっとチャレンジもしたいです。目標も達成したいです」

私が見る限り、赤字の10店舗に大きな問題はありませんでした。会ってみると、赤字なのが不思議なくらいみんな素晴らしいスタッフでした。もしかすると、見る人によっては「できないスタッフ」と思えたのかもしれません。それでも、私にはいいスタッフにしか見えませんでした。

「一緒に頑張りましょうよ。じゃあ、今からグループＬＩＮＥをつくりましょう。僕も入りますから、ここで毎日相談・報告してください。僕は毎日応援のメッセージを送ります」

ＬＩＮＥのグループをつくって、赤字の10店舗と毎日やり取りしました。私がスタッフたちのことを気にかけていること、努力をきちんと見ていることを伝え続けました。するとと、３カ月後くらいには、全店舗赤字を解消することができたのです。

このとき、香港で学んだことが生きました。最も大切なのは、スタッフにどれだけ本気で向き合ってあげられるか。

「あなたは頑張っていますね」「素晴らしいね」と常に承認して、主体性を作ることが大切なのです。

## 承認すれば、スタッフはキラキラする

最近でも私と二者面談をしたスタッフは、すごくキラキラして店舗に帰って来るそうです。

「社長、あの子に何を言ってくださったのですか？」

そんな質問を幹部メンバーからよく受けます。特別なことを話しているわけではありません。

「いつもありがとう」

「いつも素晴らしいよ」

そう承認するだけです。

「これからどうなっていきたい？」

「いつか店長になりたいです」

「そうか。じゃあ、あなたが店長になれるように、私は力になりたいと思っています」

「実現するためにどんな点を成長させる必要があるかな？」

「じゃあ今からそこに集中して取り組んでみよう！　いつも応援しています。力になれることがあれば何でも相談してください」。

大体このような内容です。

レナードで働いているエステティシャンは全員女性です。

男性である社長の私は、エステのスキルについては一切アドバイスできません。私が話すのは、仕事との向き合い方、お客さまとの向き合い方といったことだけです。

私がエステティシャンたちと接するときに心がけているのは、常に承認すること。ときには、エステティシャンの行動でそれはダメだと思うこともあります。それでも、できるだけ批判はしないようにしています。「そうか」と、まずは承認する。

私が否定すると、スタッフは反発するでしょうか？　違います。残念がります。「社長にそんなふうに言われてしまった……」と落ち込んでしまいます。

そうならないように、どんな状況であっても一度は承認する。承認しつつ、「さらに良くなるにはこうした方がいい」とポジティブな気づきを与える話をします。

それだけで、スタッフは前向きになり行動が見違えるのです。

# 第6章

# 理念共感型採用は組織づくりの第一歩

## 即戦力が次々と退社

レナードは創業当初、即戦力となる人材を採用していました。営業なら営業力がある人材、エステティシャンなら技術や経験豊富な人材。こうした即戦力に絞った採用をしていたのです。

当時はそれが最善の判断だったと思います。会社の規模を考えると、未経験者をゼロから育てる余裕がまだなかったからです。M&Aのときに前の会社から引き受けたスタッフも含めて、そうした即戦力の人材のおかげでレナードはスタートダッシュを切ることができました。

メーカーも事業部で、脱毛機を販売する営業マンは当時、元自営業者や元個人事業主ばかりでした。そうした人材は主体性があり、飲み込みも早い。お客さまとの関係づくりも素晴らしく、大きな成果を上げていました。私はそんな営業マンたちを兄弟のように大切にしていました。

そのうち、会社の規模も大きくなり、ビジョン実現のための組織化にかじを切るようになりました。すると、即戦力として採用した社員が次々と離れていくようになったのです。

今思えば、当時の営業マンは部下の育成をまったくしていませんでした。管理もしていません。その営業マンたちは、会社のためというより自分のインセンティブのためだけに働いていたのです。「感動創造」という理念やビジョンには、興味がなかったのかもしれません。興味があるふりをしていたとしても、心の底では自分の稼ぎが優先だったように思います。

理念に共感しているわけでも、ビジョンを一緒に実現するためにやっているわけでもない。お金のため、インセンティブのために働いているのです。もっといえば、お金を貯めて、いつか辞めるために働いている人もいたはずです。

スタートアップで大いに貢献してくれた営業マンたちでしたが、会社の成長真っただ中の段階で、ピラミッド型の組織づくりには興味を持ってもらえませんでした。

２０１７年、大きな成果を上げていた主力メンバー２人が同じ日に退職しました。当時、営業部門は４人。そのうち主力の２人がいなくなったのです。

## エース級２人が辞めて、むしろ売り上げアップ

結果を出していた営業マンが辞めたら、中小企業はどうするでしょうか。売り上げが急減するのを恐れ、急いで即戦力になる営業マンを中途採用しようとするのではないでしょうか。

エース級が２人辞めたのですから、当時の私も業績が落ちるかもしれないと心配になりました。私はすぐに人事部門に「８人採用して合計10人にしよう」と指示しました。しかしそこで、即戦力ではなく、「理念に共感してくれる人材」を採用するように伝えました。

そもそも、エステティシャンを目指している人以外、「エステ業界で働きたい」「美容業界で働きたい」という人材はほとんどいません。ましてや「脱毛機の営業がやり

たい」と思っている人を探すのは不可能に近いことです。

だからこそ、「感動創造」という理念やレナードの文化に共感して、この環境の中で自分を高めていきたいというメンバーを集めました。

人事は頑張って3カ月で目標人数を集め、10人のチームになりました。そのときに入社してくれたY君は有名な大学を卒業して、大手旅行会社に新卒で入社しました。3年間働く中で、新人賞のタイトルも取っています。しかし、やらされ感がずっとあったそうです。結果を出しているのにもかかわらず、そこに充実感もなければ、達成感もない。責任感はあるので、本当に頑張っていたそうです。

「何かが違うのではないか？」と転職先を探していたとき、自分が探している答えをレナードに見いだしたそうです。

Y君は3年後、新卒3人を束ねるリーダーになりました。他にも、あのとき25～28歳の若手を採用しましたが、みんな新卒を束ねてよく面倒を見る立派なリーダーに成長しました。

## 売り上げダウンよりつらい社員の離職

エース級の営業マン2名が退職した結果、売り上げが落ちたでしょうか。逆でした。新チームを私が育成していったところ、売り上げはエース級がいた当時の3倍になりました。

このときにわかったのは、個々の能力の高さよりも、想いのベクトルがそろうことの方が、大きなエネルギーを生むということです。このタイミングで営業部をつくり直した結果、会社がさらに良くなりました。会社として、脱皮のタイミングだったのでしょう。

ただ、やはり寂しさはありました。辞めていったのは、会社を助けてくれていた営業マンたちでした。今でも創業期を支えてくれたことに感謝しています。

しかし、組織化して、会社が大きくなっていくにつれて、方向性がズレていってしまったことは間違いありません。

経営者は売り上げが下がったとき、心を痛めることはありません。経営者が一番つらいのは、社員が辞めるとき。一人ひとりに想い入れがあるからです。「社員に辞められるのは、フラれた気分だ」とよく言いますが、本当にそうです。

この想いは経営者だけではないでしょう。店長やマネジャーといった管理職も、スタッフが辞めるたびに心を痛めているはずです。

２０２０年、レナードは設立から丸７年を迎えました。最初は即戦力として入社した人でも、あとから、スキルは不足していても理念に共感した人材が入社して成長していけば、実力は追いつかれます。即戦力だった人材がそれ以上成長しないと、成長してきた人材に追い抜かれてしまうのです。すると、即戦力だった人が辞めてしまうということが必然的に起こりえます。

私は、社員とともにずっと一緒に成長していきたいと思っています。だからこそ、一時的な戦略よりも成長しながら一緒に未来を見られる人だけを採用していかなければなりません。

## マネジャー・スーパーバイザー・トレーナーとの間に生まれた感動創造エピソード④

営業部　山田貴之さん

３カ月連続でチームの目標未達成。

自分自身の行動や営業部の意識をどう改革すれば良いのかわからず、毎日が暗闇の中でした。そんなとき、社長から「スリムスパレディ」の1カ月の振り返り会議に同席する機会をもらいました。

全員がお客さまに対して、またスタッフ同士で感動を届ける使命に燃え、常に前向きで、理念を体現していく姿に心打たれ、「こういう人になりたい！こういうチームを作りたい！」と心に決断が生まれた瞬間でした。

会議の中で今の悩みを小林マネージャー、佐藤スーパーバイザー、下地トレーナーに打ち明けたところ、各店舗の振り返りがある中、自分のチーム、自分のことであるかのように、どうすればもっと良くなるのか、どうすればお客さまにさらに感動が届けられるのかについて、たくさんのヒントをもらいました。

# 黄金ルール評価表　リーダー用

チーム名：　　　　　　　　名前：　　　　　　　　　　　　年　　　月度

| カテゴリー | 内容 | 自己 | 上長 |
|---|---|---|---|
| プラス思考<br>向上心 | 提出物は期限を守り、漏れなく提出ができたか？またメンバーにその大切さを伝えたか？ | | |
| | 全ての業務に対して10分前行動にて時間厳守ができたか？またメンバーにその大切さを伝えたか？ | | |
| | 社会秩序を守り、社会的正義に反する行動なく、誠実さを感じさせる背中をメンバーに見せたか？ | | |
| | 長期・中期・短期の自己実現目標を常に意識し、逆算行動をとるための習慣を行ったか？ | | |
| | 自己管理の最優先として常に万全な体調の維持、健康管理に努めたか？ | | |
| リーダーシップ<br>チームワーク | 常にレナード社員として業界の模範となる在り方を意識した行動であったか？ | | |
| | 全顧客にご満足いただけるフォローを心がけ、最善の対応をしたか？ | | |
| | お客様からの質問・相談・要望・依頼に対して対応の遅延や未対応なく、毎日確実に処理を行ったか？ | | |
| | 月間のフォロー数を意識して、優先順位高く、フォローの取り組みを行うことができたか？ | | |
| | チーム目標を絶対に達成する！メンバーを達成に導き切るという覚悟決断は100%持てていたか？ | | |
| フォロー | 絶対に達成を諦めずに最後の最後まで最善を尽くしきったか？ | | |
| | 目標からの逆算として計画的・戦略的に業務を遂行したか？ | | |
| | 1日の決めた行動目標を必ず達成する、達成させるつもりで1日1日の成長を大切にしたか？ | | |
| 達成意欲<br>率先行動 | 全てのお客様に対して必ず使命を果たして導き切る！という決断の元、商談を進めることができたか？ | | |
| | 常に営業部全体が活気に溢れるための行動をリーダーとして自ら率先して行ったか？ | | |
| | 常にチーム全体と一人一人の状況を把握し、成果・成長に導く取り組みができたか？ | | |
| | 成果を追うのではなく使命を果たすことで成果が生まれるレナード流の考えを伝え、自ら体現したか？ | | |
| | 「チームで成長・成果を生み出す意義、目的」を理解し、絆の生まれる関わり方ができたか？ | | |
| 規律<br>自己管理 | 常に営業部のみならずレナード全社員のサポートの存在の大切さをメンバーに伝えられていたか？ | | |
| | どんな状況でもネガティブな言動なく、物事を前向きに捉え、常にポジティブな言動ができたか？ | | |
| | 目的・使命感を常に失うことなく、理念と使命を体現し、チームに勢いをつける行動であったか？ | | |
| | 常に一人だけの判断ではなく、最善の答えと行動をとるため上長への報連相を自ら進んで行ったか？ | | |
| | 自己の成長のための学びに対して自己投資を行なったか？またその大切さをメンバーに伝えたか？ | | |
| | 月初に決めた成長目標を元に、常に成長につながる取り組みを自己・メンバー両面で行ったか？ | | |
| | 合計 | | |

| 黄金ルール倍率スコア表 | | 該当チェック |
|---|---|---|
| 0未満 | ×0.8 | |
| 0〜30 | ×0.9 | |
| 30〜 | ×1.0 | |
| 60〜79 | ×1.1 | |
| 80〜100 | ×1.2 | |

| 評価基準 | 得点 |
|---|---|
| 意識していない | -2 |
| 行動してみた | -1 |
| 取り組んだがまだできる | 1 |
| これ以上なくやりきった　模範レベル | 2 |

また、チームリーダーとしてあるべき姿を示してくれました。

チームの中で、「誰のため、何のため」と常に目的意識を持つ習慣ができ、アポイント獲得や、日々の報連相の徹底と、1日1日、小さな達成を積み上げていきました。そうして2月、絶対に達成する!! と強い覚悟、決断を持って臨みました。「黄金ルール」(前ページ参照)を実行し、世の中の全ての営業の模範となり、お客さまを成功・幸せに導き切るチームとなり、自分の使命を果たし切ることがその月の目標でした。何度も「もう無理かもしれない」と思う瞬間がありましたが、結果、全員目標達成でのチーム達成。全員で営業部表彰をもらい、これまでの社会人生活の中で最高の成果を上げることができ、大きく成長を感じました。

感動創造という理念のもと全てのお客さまに幸せを届けるこの会社で働くことに大きな喜びを感じ、仕事を心から楽しい! と感じられるようになりました。そして、達成することの意味や価値を理解できるようになりました。達成は自分の価値観を大きく変え、毎日を新しい自分に変えてくれる素晴らしいものであると考えられるようになりました。

## 技術部門トップの退職もチャンスに変える

マシンの生産やアフターメンテナンスを担う部署のトップが退職したこともありました。その直後、私は3人を採用しました。1人は誰もが知る大手電機メーカーの開発トップ。1人は年商8000億円規模の大手半導体メーカーの元役員で、部下は2万人いたそうです。もう1人はアフターサービスの百戦錬磨のプロでした。

面接の際に理念とビジョンをお伝えしたら、「ここで人生の最後の勝負をかけたい」と言ってくれました。

私は技術部門のトップの退職を、ピンチではなく「変えるチャンス」だとプラスに捉えて攻めに打って出たわけです。コストをかけて、思い切って体制をレベルアップさせました。

当時、レナードの商品は「バイマッハ」ひとつしかありませんでしたが、なかなか製品クオリティが高くならず、後継機の開発スピードも上がりませんでした。創業から6年半、この体制のままでは生産・開発部門の成長が進まないとやっと気づいたのです。会社の規模も大きくなってきたので、そろそろ専門的な人材に任せるべきだと考えを変えました。それで、スペシャリストを採用したのです。

レナードは創業から日が浅い、若い企業ですが、年齢層はさまざまです。20代のスタッフが多く、30代と40代がわずかで、あとは50代後半です。

ベンチャー企業は、50代の人材をなかなか採りにいかないでしょう。創業者は自分より若い人材を採りたがるケースが多い。年上の人間、ましてや50代の人間は扱いにくいと思っているからです。

私は逆です。ベテランの人材にお願いして来てもらっています。

マシンの開発や製造、品質は、私の専門分野ではありません。最終的な経営判断は私が下しますが、専門家でない以上、モノづくりの細かい部分には口を出すべきではないと思っています。実績のある人に入ってもらって、「これはお任せします」とやった方がいいモノができます。

「この部分は完全にお任せしますが、会社の方向性や目標には合わせてください」

そういうスタンスです。細かいところにまで自分で踏み込もうとすると、ベテランの人材は頑固で扱いづらいといったことになるかもしれません。しかし、私はリスペクトしています。常に「教えてください」という姿勢です。

技術部門が一気に強化できたので、これからはどんどん新製品を出していこうと考えています。脱毛機の性能はこれ以上、上げようがない。これからはスマートフォンと連動させたり、電子カルテと連動させたりといったＩＴを活用した新たな機能を付加したい。自動的に肌を認識したり、美容データを蓄積する機能で、ＡＩを取り入れることも考えています。

なぜ、ＡＩも取り入れるのか。将来、大量のデータに基づいて「こういうトリートメントをしたらさらに効果的です」とＡＩがアドバイスできるようになったら、人の感覚的なアドバイスとどちらを信用するでしょうか？　いずれはみんながＡＩの方を信用する時代が来るかもしれません。

それならば人は何をするのか。人にしかできないことは何か。そこにフォーカスしていった先に「感動創造」があると思います。

AIを取り入れた方が、エステティシャンはもっと「感動創造」に集中できるようになるのです。AIありきではありませんが、人の良さを生かすための技術開発は大事なこと。

「もっとスタッフたちの価値を高め、想いをカタチにさせてあげるにはどうすればいいか?」

そう考えた先に、AI化があるわけです。

## 未来を見据えた「理念共感型採用」

これまで、経営者として心を痛める社員の退職をたくさん目の当たりにしてきました。それを踏まえ、レナードでは採用の際に最も大切にしていることがあります。「感動創造」の理念に強く共感し、絶対にレナードしかあり得ませんと底知れない意欲を持っている人だけを採用することです。

これを「理念共感型採用」といいます。

経験や実績も大切ですが二の次です。理念に共感している人を採用するのが、長期的に見ると最も会社のためになるからです。

目先の売り上げだけではなくて、経営者のビジョンを実現するパートナーになっていくのです。

「美容機器メーカーをやっていて、エステもやっていて、楽しそうです」

採用面接で、８割方の応募者はそう話します。レナードに興味を持っていただけたことはありがたいのですが、採用には至りません。

「私は絶対ここしかないと思いました。こんな会社を探していました」

「見た瞬間、ここしかないと思いました」

そう言う人は要検討です。そこがスタートラインです。レナードの社員はそれくらいのハードルを越えてきたメンバーばかり。だから向上心が高い。そこについてこられないと、いつか壁にぶつかったとき、離脱してしまいます。

## 私よりも厳しい現場の採用基準

レナードの中でも、理念共感型採用の徹底ぶりが突出しているブランドがあります。「スリムスパレディ」です。毎月150～200％の達成率をずっと継続している事業部です。

レナードは、エステティシャンを通年で募集しています。というのも、毎年130％の成長を目指しているからです。そのためにはエステティシャンの増員が欠かせません。

レナードには、毎月100人以上のエステティシャンの応募があります。これは業界でもかなり多いのではないでしょうか。その中から採用されるのは月3～4人です。

「スリムスパレディ」は2020年現在4店舗で、ゆくゆくは50店舗を目指しています。経営状態はグループ内で特に良い。資金もまったく問題ない。店長希望者もたくさんそろっている。ところが店舗を増やすには人が足りません。スタッフを採用しなければブランドを成長させられません。

だからこそ、中途採用を任せているマネジャーに、私は「採用しなさい」と常々言っています。ところが、マネジャーの選考基準が厳しいのです。私が「採っていいよ」と言っているのに、採りません。

応募してくる経験者のエステティシャンには、スキルの高い人材が多くいます。さらに、「スリムスパレディ」は中途でも未経験者を採用しています。技術がなくてもいいと考えているのです。それなのに、なぜマネジャーは採用しないのか。

マネジャーが重視していることこそ、理念への共鳴です。理念に共鳴している人を採らないと、自分たちが思い描く店舗をつくれないと考えているのです。

スタッフと私が出演したテレビや採用ムービーなどの動画をいくつかYouTubeにアップしています。応募者の中には、それを見て「もうここしかない！」と思って応募してくれる人がいます。マネジャーは、それくらいのレベルの人でなければ採りません。

## 4つの象限

| 重要度＼緊急度 | 緊急度 高 | 緊急度 低 |
|---|---|---|
| 重要度 高 | **第1象限**<br>緊急であり、なおかつ重要な業務 | **第2象限**<br>重要だが、緊急ではない業務 |
| 重要度 低 | **第3象限**<br>重要ではないが、緊急な業務 | **第4象限**<br>重要でも緊急でもない業務 |

採用も「第2象限」を優先。「感動創造」の理念に強く共感し、10年後に幹部に育っていく人材を見据えて行う。

だから「スリムスパレディ」は精鋭部隊となっていったのです。

## 優先すべきは「重要だけど、緊急ではないこと」

日々の業務には、重要度と緊急度で次の4つに分かれます（上図参照）。

・緊急であり、なおかつ重要な業務（第1象限）
・重要だが、緊急ではない業務（第2象限）
・重要ではないが、緊急な業務（第3象限）
・重要でも緊急でもない業務（第4象限）

経験や実績を優先して採用するのは、「緊急かつ重要」な第１象限を優先すること と同じです。採用以外のどの業務もそうですが、多くの人が第１象限優先です。多く の会社の採用も、第１象限優先採用でしょう。確かに、即戦力を中途採用せざるをえ ないケースはあると思います。

しかし、圧倒的に重要なのは「重要だが緊急ではない」第２象限。これは採用に限 りません。緊急度が低いことはあと回しにしがちですが、この第２象限に含まれる事 柄を優先することが、長期的にはメリットがあるのです。

理念共感型採用は、まさに第２象限優先型。10年後に幹部に育っていく人材を見据 えて採用するのです。

## 能力差は、大したことはない

そうはいっても、能力が高い人材が欲しいと思うかもしれません。

私は能力のある・なしにはあまりこだわっていません。そもそも、生まれながらに能力の高い人は、この世にそれほど存在しないと思います。能力は環境や経験によって変わっていくものです。

採用にあたって気にするのは、素直で吸収力があるかどうかです。そこはすごく大切にします。私は、素直さに勝る能力はないと思っています。素直さ、誠実さ、真っすぐさ。こうした姿勢さえあれば、必ず伸びます。

だからこそ、素直さや誠実さを伸ばせる会社、素直さや誠実さがある人が信頼して入りたいと心から思ってもらえる会社にしたいと思っています。

「あなたはあなたのままでいいんだよ」

「愛や幸せといった言葉を使っていいんだよ」

そうしたことを感じさせたい。ただ数字を達成するために働くのではなく、この温かさの中で自分らしさを発揮してほしいと思っています。

こういう考え方が生まれてきたのも「感動創造」という理念があるからです。スタッフが幸せにならないと、お客さまが幸せにならないという前提があるからです。

## 可能性に賭けるポジティブ採用

スタッフに対して私は、現在の素晴らしい点や、これからの可能性にフォーカスします。

その人のあら探しはいくらでもできます。しかし、私はしないように心がけています。

「この人、もしかしてこんな可能性があるんじゃないかな」

常に、そういうふうに人を見ています。採用面接のときもそうです。

もちろん理念に共感しているかが大前提。それに加えて、「この人は、将来どんなふうになっていくのかな？」とイメージします。

たとえば21歳の就職活動中の大学生なら、「これから社会人になって、どんなふうになっていくかな。30歳、40歳になったらどうなっているかな」と想像するのです。

面接に来た人とは「うちの会社でどんなことができるかな？」と一緒に考えます。

大当たりのときもあれば、外れるときもあります。それでも、可能性を信じて、可能性が花開くことを楽しむポジティブ採用です。

## 理念共感型採用だと成長が速い

理念共感型採用にすると、社員が一人前になるスピードが圧倒的に速くなります。理念が明確で、その理念に共感しているから、自分がどの方向に向かって成長していけば良いかがわかるからです。

逆に、理念に共感していない人は、仕事をやらされている感が強い。それでは成長しません。

営業スタッフなら、ノルマを課せられてやらされていても、売り上げを伸ばす人がいます。しかし、それは一時的なものです。上がったり下がったりします。理念への共感という土台がしっかりしているスタッフは、迷うことなく右肩上がりで成長します。

「理念教育や理念浸透は遠回りではないか？」

そんなふうによく言われます。「そんなことをしていると、時間も手間もかかる」というわけです。

違います。理念共感型採用や理念浸透は一見、遠回りに見えて、実は最短の近道。将来を見据えて第２象限に手をつけることになるからです。近道だからやっているわけではありませんが、結果的には近道なのです。

## 理念共感型にすると、離職率も下がる

他のエステティックサロンと比較すれば、レナードのエステティシャンは離職率が低いと思います。入社半年以内の早い段階で離職してしまう人は少ないとはいえませんが、半年を過ぎると、エステティシャンの離職率は特に低い。

理念共感型採用に思い切り振り切ってからは、エステティシャンの離職は大きく減りました。

入社半年で辞めてしまうエステティシャンの理由は「エステティシャンってこんな

に大変だとは思わなかった」「理念が自分の考えとは何か違いました」といったもの。ということは、採用時点でのズレが原因です。

入社して半年過ぎてしまえば、「理念に共感できる」「エステティシャンの仕事が自分に合っている」と思い、そこから先の苦しみも成長の糧になるものだと捉えて、乗り越えていってくれます。

エステティシャンが就職するときは「お客さまをきれいにしてあげたい」「自分が学んだ技術を人のために役立てたい」といった想いがあることでしょう。こうした想いにプラスして「給料は？」「勤務時間は？」といったことを重視して就職先を探している人が多いようです。「技術を学べる会社かどうか」を気にする人もいるでしょう。こうしたことを会社選びのポイントにするのは悪いことではありません。

しかし、給料や勤務時間といった条件のみで就職先を選んだ人は、いずれさらに給料や勤務時間などの条件が良さそうな他の会社に転職してしまう可能性があります。こうした働く環境を向上させるのももちろん大事ですが、それ以上にまずは理念に共感してもらうことを優先すべきです。

## 理念が浸透していれば、採用活動を現場に任せられる

事業部によって採用スタイルが異なりますが、最近、中途採用では私はあまり自分で面接しません。マネジャーに任せています。人事部門や各事業部のマネジャーは自分の中にきちんと会社の理念を落とし込んでいるので、私と判断軸がずれることなく、信頼してお願いできるわけです。

理念が浸透していれば、全て自分で管理しなくても、採用を任せることができるのです。

創業社長の場合、採用から何から自分で全て掌握したいと思うでしょう。私自身がそうでした。起業して２～３年くらいまでは私が全てかかわっていました。しかし、さすがに時間的に難しくなりました。それで各事業部のマネジャーに任せるようになったという事情もあります。

## 根っからネガティブな人は変えられない

ところで、理念共感型採用に徹しているといっても、必ずしも採用に成功しているわけではありません。理念に共感して採用したはずなのに、入社後に思うように活躍できない社員はいます。これはどの企業でも同じでしょう。

入社してから仕事がうまくいかない社員は、ネガティブになっていきます。全てにおいて自信を喪失してしまいます。次に、周りに対して感謝がなくなります。もっとひどくなると、うまくいかないのを周りのせいにします。

仕事のクオリティが落ちて、失敗が多くなり、成果が出せなくなると、口をついて出てくるのが言い訳。これに例外はありません。陰で「あの人のせいで」と責任を押しつける発言をするようになります。それが蔓延《まんえん》すると、チーム全体が一気に悪い方向に進みます。

会社としては、どんな社員にもなるべく手を差し伸べます。最後の最後まで拾い上げようとします。何とか踏みとどまって、ポジティブになる社員もいますが、それはほんの少数派。ほとんどの根っからネガティブな人は変わることなく最終的には辞めていきます。

私はかつて根っからネガティブな人にも、本人の可能性を信じて全力で手を差し伸べようと試みました。しかし、一時的に1～2年モチベーションが上がることはあっても、やはりネガティブに戻ってしまいます。

以前は、私は人を変えられると過信していました。しかし、人の本質までは変えられない。そのことに最近になってようやく気づくことができました。

本当に会社として本人に手を尽くし切ったか、納得いくレベルで本人を支えたと自負できるのであれば、本人やその上司を責めることなく、そもそも採用に問題があったと捉えるようにしています。

## 理念に共感していない人が抜けるのを恐れない

お伝えしたように、これまでにレナードを去った人たちも少なからずいます。店舗や事業をM&Aした場合、元々成果を上げていたスタッフであっても、急に運営会社が変わって理念や文化、雰囲気に馴染めずに辞めていく人も何人もいました。

成果を上げていたスタッフが辞めるとなると、多くの店長は「売り上げが落ちるのではないか」と心配します。しかし、面白いもので、逆に売り上げが伸びるケースばかりです。もっというと、レナードでは従業員の離職によって成果が下がったことは一度もありません。

理念に共感していない人が抜けると、チームの雰囲気が良くなり、活気が高まります。ベクトルを合わせられない人がいなくなると、全員のベクトルが一致し、強いエネルギーとなって逆に業績は伸びるのです。恐らくこの話に共感してくれる経営者はたくさんいると思います。

合わない人はどんどん辞めて良いということではありませんが、理念に共感している従業員かそうでなくても成果を上げている従業員、どちらが本当に会社にとって、全従業員にとって、お客さまにとって最善なのかという視点を持つことが大切なのです。

私が相談を受けたエステオーナーの中には、自分よりも売り上げの高いスタッフを優遇するばかりでなく、そのスタッフの言われるままにしてしまったり、運営の主導権をほぼ握られてしまい、経営者としてのコントロールが利かなくなってしまっている状態に悩まれる方が多いのです。

有能な人が抜けたらどうしようと考えて、一歩踏み出せないこともあるでしょう。しかし、そこは踏み出してもいい一歩です。もしかすると、一瞬、業績は下がるかもしれません。それでも、長期的には絶対にプラスになります。目先の成果ではなく、目的を果たそうとする経営判断こそが一番成果につながるのです。

先ほどの営業部の話もそうです。主力メンバーが退職するのは寂しい。痛手にもなります。しかし、１００％のうち寂しさは10％。経営者としての私は残り90％はチャンスだと捉えます。

理念に共感しているメンバーだけの組織になると強い。エネルギーも大きくなります。

ただ、私自身も反省する点があります。辞めていった人材だけが目先のことを考えていたわけではありません。振り返れば、私自身が目先のことを考えて採用していた時期もありました。理念を振りかざしてはいたものの、私もまだ第1象限優先でした。

スタートラインから走り出した直後は、走ることしか頭にありませんでした。

これまで経営してきて、痛感しているのは、どれだけ業績が上がり、企業としての成長を感じたとしても、理念共感型採用と理念浸透の取り組みを絶対に緩めてはいけないということです。

# 第7章

# 日本一学びの多い会社を目指して

## 社員教育に投資する

レナードは社員教育に全力で投資しています。

「営業を止めてまで研修しているのですか」

「よくそんなに社員にお金を出してあげるね」

ときに、他の経営者から呆れられることすらあるほど。研修の充実度も、業界随一と自負しています。

たとえば、レナードの直営サロンでは、このような社員育成の仕組みがあります。

●新人研修

1日目：新人理念研修

2～5日目：接遇マナー研修

6～14日目：技術・知識研修

15日目以降：現場実践研修

●全社員研修

・毎月第1週目（10～17時）。

・ブランド別に全社員が集まり、先月の振り返り、成功・成長事例のシェアや勉強会、理念浸透の研修、体験学習セミナーなど行い、全店舗が一丸となった理念、使命追求のマインドをつくる。

・全国展開するブランドはそれぞれの地域の研修センターに集まり、ＷＥＢ中継にて同時開催。

●役職別研修（店長研修、チーフ研修、ステップアップ研修）

・毎月1回　4時間ずつ。

・役職者別に次のステップに進むための心構えから、日々の具体的な取り組みを明確にする研修。

・同時期入社や同じ役職の同志が集まり、意識の共有を目指す。

●自主朝活勉強会
・月に6回（営業時間1時間半前より）。
・美容知識力、商品知識力、カウンセリング力を強化する勉強会を実施。

●外部研修
・アチーブメント社「i-standard」受講
・アチーブメントの講師を招き、2日間にわたり、人生成功の技術を学ぶ研修を受講。これによって一人ひとりの人生の目的が明確になり、主体性が生まれ、さらに仲間との強い絆が生まれる。

## 最大の投資先は社員

なぜ、社員教育に時間とお金をかけるのか。もちろん従業員の願望を叶えるためでもありますが、投資をした分だけ、いいえ、それ以上のリターンがあるからです。

## 成長と成果を最大化し、長期反映する仕組み

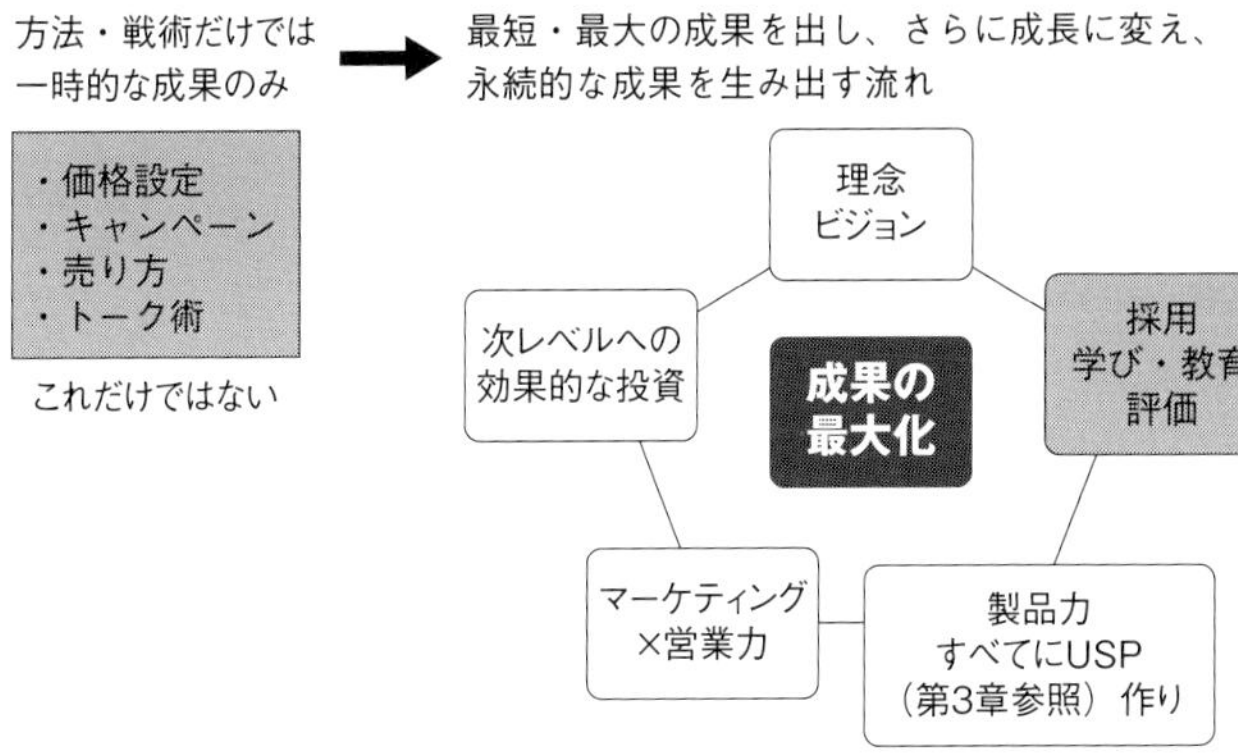


成果の最大化のためには、効果的な投資や製品力などだけではなく、採用や学び、評価の仕組み化が欠かせない。

社員育成に時間とお金を投資しなければ、長期的に繁栄する仕組みは絶対につくれません。これは完全に第２象限の事象です。

経営の中で生み出した利益。これを何に使うのか？　贅沢をするのではなくて、次のステップの環境づくりや採用、教育に使うわけです。つまり未来への投資です。

社員に対する愛。愛は想いではなく行動とするならば、その行動とは相手に対してどれだけのお金と時間を使うかに現れます。

もしそれをしていなかったら、今の

レナードは絶対にありません。

当然ですが、社員の育成は全額会社負担です。そして研修は全て勤務時間内としています。

## 社員教育を最優先業務に

私の仕事の8割くらいを社員教育が占めています。1年先くらいまで、私が行う研修の予定を入れています。

現場のスタッフにも、研修の予定を最優先にしてもらい、ときには店自体を休業にすることもあります。

加えて、各店舗でお客さま満足度を上げるためのミーティングを、最低でも月3回は行うように伝えています。そのためにスケジュールは最優先で空けておきます。スケジュールを何カ月も前から空けておかないと、予約がガンガン入ってきてしまいます。予約でミーティングができない、という状況をつくらないようにするためです。

第1象限を優先すると、ミーティングで2時間使うより、お客さまの予約を取った方が良いと考えます。そうではなくて、あくまでも第2象限優先に考えるのです。

月3回のミーティングは最低2時間です。

そこでは、自分たちが目指しているお客さまへの価値提供ができているかを話し合います。現場スタッフも、ついつい目先の売り上げを追ってしまいがち。自分の売り上げを優先すると、お客さまの満足度が上がりません。使命・目的の実現のために取り組んでいるかをマネジャーや店長が中心になって確認します。

## できない自分ではなく、行動しない自分に自信を持てない

第7章の冒頭で説明したステップアップ研修は、まだ役職を持っていない社員向けの研修です。入社1年目から1年半くらいまでの社員が対象です。

この研修では必ず一番はじめに現在の課題や悩みを明確にするワークを行うのですが、多くのスタッフがこのような悩みを打ち明けます。

「私、自信がありません」

そんなふうに話すのは決まって新人スタッフです。

「そうか。何に対して自信がないの？」

「私自身です」

「自分自身の、どんな点ですか？」

そう問いかけてみると、

「うーん……」

首をかしげて、はっきり答えられるスタッフはほとんどいません。

「それなら、自信をつけるために自分自身に対して何をしていますか？」

そう聞くと、何と答えるでしょうか。

「何もしていません」

100人に聞いたら、100人がこう答えます。100％です。

なぜ、自信を持てないのか。今、できていないことに対して自信を持てないのではありません。

行動していない自分に対して自信を持てないのです。承認できないのです。

自分が置かれた状況や自分の人生は全て自分でコントロールできることなのに、それに気づいている人は世の中でも少ないと思います。

「自分の成長につながる取り組みを、まず行ってみよう。それが自信を作る第一歩だよ」

そう言って、気づかせてあげるのです。

素直に実践していけば、すぐに変わっていきます。

## 自分の人生は、自分でコントロールできる

私は社員教育を通して社員がガラッと変わる瞬間を何度も見てきました。

こんなに人って変わるの？　成長するんだ？

今まで何百回と感心したことがあります。

この激変ぶりは本人の中での何の変化だったのか、ずっと考えてきました。

最近わかってきたのは、自分で自分の人生をコントロールできるということを自分で落とし込めた瞬間、自分に責任と使命が宿るのだということです。

自分の今の状態も、これからの人生も、自分の行動を変えることで、全てコントロールできることに気づいているかどうか。そして自分の人生は自分自身でコントロールできると確信できているかどうか。

つまり、自我の壁を越えられるかどうかなのです。

自分の行動や習慣が変わったことに対して、自分自身を認めてあげられたとき、人はガラッと変わります。思考が変わります。行動が変わります。「自分はできるんだ」という自信になります。これが自我の壁を越えるということです。

このことにいかに早い段階で気づかせてあげられるかを、社員教育の一環として大切にしています。

そのためには、スタッフとの深いかかわりが欠かせません。

社員とただ単に業務や売り上げ、目標達成の話をしているだけでは、この変化は生まれません。社員の人生に本気でかかわっていかないと、なかなかこの変化はつくれないのです。

人生を自分でコントロールできると気づいたスタッフは、目つきも何もかも変わり、強い主体性が生まれてきます。

## 「成長管理シート」で行動を習慣化

それでは、自分の人生を自分でコントロールできることに気づかせるには、どうすればいいのでしょうか？

難しいことではありません。自分で何か目標を設定して、それを達成する行動を実践すればいいのです。それを習慣化してしまうのです。

自分で習慣を変えること。新しい流れをつくること。これが自信や成長につながっていくという考え方です。

とはいえ、それをスタッフ自身が自分の頭の中だけで考えて実行するのは至難の業《わざ》。そこで、レナードでは次のページで紹介する「成長管理シート」というものを取り入れています。

「成長管理シート」には、理念を体現するためのその日のテーマや具体的な取り組

## 成長管理シート

成長管理シート　　　　　　　　　　　　　　　日付 R1 年 12 月 15 日

店舗名　SSR池袋　　　　記入者　清水

| 今月のテーマ | 言行一致 |
|---|---|

本日の行動計画

| 月間目標 | 1000万 | 現状 | 335万 | 残り | 665万 |
|---|---|---|---|---|---|
| 日割り目標 | 100万 | 紹介目標 | 配布　　枚 | 物販目標 | 300万 |

○本日の重点課題と徹底する取り組み
新規入会!!

入会率を上げていく為に、サロン全体の活気をつくる取り組みを朝礼で皆に共有して、サロン全体で取り組む

○チーム全体の理念浸透→成長・成果に繋げる取り組み
スリムスパのファンを増やす為に新規をどう導くかを朝礼で話し、
会員様との会話の質を上げていく。
また、新規数を上げる為に紹介の会話を増やし、幸せの輪を広げる

○スタッフ一人一人の成長に向けた取り組み
小野さん…会員様の満足度UPする。再カウンセリングなどで効果実感などの深堀りをしNPSの弱い部分の強化をしていく。
大塚（く）さん…どんどんフェイシャルと物販キャンペーンを話していく。アプローチ前や途中などで2回以上相談を受ける
森さん…金額提示が苦手の為、入客前に一緒に年表を作りシュミレーションしてから入れる

成果報告

●本日チームの成長した点　チームの状況
少ないスタッフ、会員様の中で132万の感動値を頂けたのは、全員が成長・成果を意識できたからです。

新規の会員様に対してもスタッフがまわりでたくさん効果に対する会話をしてくれたことで、活気のあるサロンを演出できたと思います。

仁井さんの返事待ちもつながり、とても充実した1日になりました

●リーダーとしての取り組み振り返り（成果・成長に貢献できたか？）
新規をつなげることができ、社長から教えて頂いた「まず」の部分が実践できました。

夏と違い、決断を作るのが難しいからこそ、「一歩」を大事にしていきたい。

自分がいなくても皆がパキパキ動いているのを見て、すごく頼もしくなった。

一日一日一件一件を今日のように大切にし、確実に達成に近づけたい

| 本日の感動値 | 132万 | 自己採点 | 90点 |
|---|---|---|---|

み、一人ひとりの成長目標、成果などを店長が毎日書きます。それを本部に送ることになっています。

それを私が毎日見ています。

「具体的な取り組み」と書いてあるのに、「活気づくりを頑張る」というようなことを書いてあることがあります。具体的にどうやって活気づくりをするのかを聞きたいので、そういうときはすぐ突っ込みます。最近はマネジャーが突っ込んでくれます。ここでも、私がやらなくてもよくなってきています。

## 「成長管理シート」で売り上げも伸びる

「成長管理シート」は全店舗で取り入れていますが、送られてきたシートを見ると、取り組みの具体性に濃淡があります。しっかりやっている店舗、中途半端な店舗、やらされている感がある店舗があります。

こうした違いによって、スタッフの成長度合いも、チームの空気感も、売り上げも、大きく異なります。

たとえば「スリムスパレディィ」はこの取り組みに少し身が入っていない時期がありました。その頃、「成長管理シート」を全然やっていなかったのです。すると、3カ月連続で業績が対前年比を割りました。

「この状況をどう感じますか？　あれだけ頑張った昨年と比べると成長してないってことになるよね」

「社長、なぜだとお考えですか？」

「いくらでもあるよ。他の事業部はもっと成長に向かってちゃんとやっているよ」

「何をやっているのですか？」

「『成長管理シート』だよ。あれ、どうなった？」

「最初はやっていましたが、恐らく店長がそれぞれでやっているのでは……」

「いや、やってないよ。これ、やってごらん。成果じゃなくて、取り組みの質にこだわりなさい。プロセスにもっとこだわりなさい」

私はマネジャーにそう伝えました。

スリムスパレディィの各店で「成長管理シート」をより細かく具体的に取り組んだ結

果、業績が急伸して、過去最高記録を達成しました。それくらい変わります。

毎朝、理念の振り返りと、理念を体現する行動を具体化し、１日でどのような成長をつくるか、スタッフ全員がマインドセットできるわけです。毎朝書くのは大変ですが、自分の考えを文章や言葉にして確認するという作業が大切です。

現場はどうしても目先の売り上げを達成したいという気持ちが強い。つまり第１象限優先です。ですが、これはあくまでも「成長管理」シート。「達成」シートではありません。成長していくためのシートです。

売り上げは最後の最後。最終的な成果としてどうだったのかを示すものに過ぎません。

毎朝目標を立てて、達成したら、それが自信につながるのは当然です。

達成できない日もあります。そういうときは、改善点を考えればいいのです。

# 月刊目標PDCAシート

2019. 12 月

氏名 清水 望

タイトル 有言実行できるチームにする！スーパーな人財育成！

ゴール：目的 全員が取り組みを実行し感動値目標を達成している

個人感動値 300 万

サロン目標感動値 1000 万

【成長させる点】

1 質問力を上げる

2 承認→修正→実践→評価

3 スタッフの願望の中で話す

（地球を3分止める）

| | P（計画） | D（実行・実績） | C（チェック・気づき） | A（行動・改善策） |
|---|---|---|---|---|
| 10日 | ①自分がどんなサロンにしたくて、皆にどんな想いがあるか話す（4日食事会）<br>②アプローチ後、承認→修正→実践→評価まで行う<br>③アドバイザーとしての使命を確立しどんな風に今動くか決める | ⇒①伝えた事で、チームとしての統一感ができた<br>⇒②大塚さんのアプローチに同行決定し、なぜ決まったかを一緒に考えモチベーションUPにつながった<br>⇒③まずは、池袋スタッフが異動してもどこでもパフォーマンスできるよう育成する | ⇒①休みの時も松本さんが中心となり言行一致してくれた<br>⇒②くり返し行う事でスタッフのモチベーション維持につながる<br>⇒③スタッフ毎の取り組みを一緒に見て、取り組む量、質を上げる | ⇒①坂本さんにもリーダーシップをとってもらうよう促した→20日にもう一度チェックする<br>⇒②大塚さんに行った事を森さんにも行った<br>⇒③12/2森さん、坂本さん、12/6仁井さん、小野さん、大塚さん12/10松本さん |
| | 成長点 | 店長会で幹部に対して、自分がどんなサロンにしたいかの話をした事で、自分がアドバイザーとして何がしたかったのかを再認識できました。そしてそれをスタッフに伝えつづけていく必要性を感じました。この10日間で全員とMTGをし、それぞれの取り組みに対する行動の量と質をすり合わすことができ、全員の軌道修正が行えました。20日に向けて軌道修正した部分の細かい確認をしっかり行い、全員の成長と成果につなげていきます。 | | |

| | P（計画） | D（実行・実績） | C（チェック・気づき） | A（行動・改善策） |
|---|---|---|---|---|
| 20日 | ①アプローチに同行もしくは相談を受け、修正と評価、承認をする<br>②カウンセラー3人とMTGをする<br>③スタッフのアプローチのフィードバックをし全体LINEにシェアする<br>④サロン感動値700万(全員80%達成) | ①同行、相談、修正、評価、承認全てできた<br>②13日OK<br>③回数が少なかった<br>④サロン感動値OK | ①主に大塚さん、仁井さん、森さんに行った。カウンセラーへの同行を増やす<br>②3人のリーダー像がわかった<br>③フィードバック後のシェアが足りなかった。<br>④新規・物販の強化 | ①20日以降、松本さん、坂本さんとレッスンを3回し同行し経験を積ませる<br>②カウンセラー同士の絆強化の為絆MTGを16日に行った<br>③毎朝スタッフをほめるシェアをする |
| | 成長点 | この10日間はスタッフへ内発的動機付けを行いながら自分の成果もスタッフの成果も伸ばせた。10日おきのお客様の情報共有をしていた事で、デザイナーの不安も聞け、カウンセラー同士の絆作りもでき、タイムマネジメントが良くできた10日間だった。25日に向けては新規入会率UPの為に決めた取組を、物販強化をしチーム全体を活気づけられるよう貢献していく。 | | |

| | P（計画） | D（実行・実績） | C（チェック・気づき） | A（行動・改善策） |
|---|---|---|---|---|
| 25日 | ①坂本さん、松本さんの感動値200万<br>②新規レッスン（3回ずつ）坂本さん、松本さん<br>③仁井さんとMTG（不安・もやもやを消す）<br>④物販100万 | ①坂本さんOK、松本さん△60万<br>②30日までに残り2回<br>③OK<br>④80万（△20万） | ⇒①坂本さんのレッスン（新規）とアファメーションをしたら決った<br>⇒②レッスンする事で決定率が上がった<br>⇒③コミュニケーション不足だった<br>⇒④単価を上げる必要がある | ⇒①入会前に必ずアファメーションを行う<br>⇒②月2回必ず今後も入れていく<br>⇒③MTGの内容を深くする事でコミュニケーションを深くとる<br>⇒④物販も上がってきているのでよりご紹介の声かけをふやす |
| | 成長点 | マイナス面からいくと新規入会率がなかなか上がらないので、サロン全体で取り組む内容を決める。その都度軌道修正はできているので感動値目標への達成は追えている。この5日間はスタッフとのMTGをたくさんした事で、マインドが高いスタッフが多かった。気になる仁井さん、小野さんとはしっかりMTGをした。残り3日間全員が前向きに頑張れるよう声かけをしていく。 | | |

【振り返り】

感動値結果 サロン感動値 1027 万　　個人感動値 273 万

一ヵ月通しサロンとしての成長をすごく感じた月だった。いろいろな悩みがありながらも、考え行動し成果として出た月だった。部下育成に力を入れた月だったが、願望の中で話ができた。「やりたい」を引き出せた月だった。

# こんなに提出物の多い会社は世界でも珍しい⁉

レナードは世界一提出物が多い会社ではないかと、私は思っています。成長管理シート以外にも、提出物が山ほどあります。

毎日出すのは「日報」と「成長管理シート」です。

10日に1回、先ほど触れた「中間振り返りシート」。

この他、月に1回出す「月間目標ＰＤＣＡシート」（右図参照）があります。

主要なものだけでこれだけあります。

さらに、店舗のスタッフの一人ひとりが担当を持っています。新規のお客さまの契約率を短期で見ていく担当もあれば、既存のお客さまからの感動値（＝売り上げ）がどうなのかを見ていく担当もあれば、紹介件数を見ていく担当もあります。満足度担当もいます。ＳＮＳ担当もいます。

各担当が毎月のテーマと戦略、目標値、具体的な取り組みを書いて、10日ごとに報告を出します。

社員曰く「逆にこれがないと気持ち悪い」とのこと。一つひとつの提出物には必ず目的があります。やるべきことが整理されますし、書くことで忘れません。

社員みんなが個人用のファイルを持っていて、そこにどんどん入れていっています。昔のシートを見返せば、「1年前の自分はこうだったな」と振り返ることもできます。

提出物以外にも、営業社員は同じ手帳を使っていて、毎日見開き2ページに1日のスケジューリングとタスクを記入して、写真に撮って、グループLINEに送らないといけません。

この手帳はタスクを管理するためのものではありません。成果や成長のために何をすべきなのかを自分自身でつくり出しては確認するための取り組みです
また各事業部のグループLINEでは、日々の成功体験や感動創造体験を常にシェアしています。「お客さまからこんな喜びの言葉をいただいた」といったものです。

なぜ、これほど提出物が多いのか。

それは、具体的に成長を促すことと、自己管理のためです。スタッフ自身が現状を把握しながら、不足している点が常々わかる。自己分析しながら自己管理できる。そういったことを習慣化する能力を身に付けてほしいと考えているからです。

# 第8章

# ノルマなんていらない

## ボロボロの4店舗を買収

あるとき、私のセミナーに参加してくれていた男性オーナーから「もう経営を辞めたい」という電話が入りました。彼は新宿で痩身サロンを4店舗運営していました。この4店舗は売り上げが悪かったわけではありません。話を聞いてみると、サロンの女性スタッフたちをまとめるのが精神的に負担になってしまったというのです。

そこで一度、店舗を見に行きました。すると、良い環境とは言えない状態でした。その店舗は古い雑居ビルに入っていて手狭でした。スペースに余裕がないため、驚くことに、ベランダがスタッフルームになっていたのです。サンルームのような透明のドーム型の屋根を付けて、そこに小さな机を置いていました。もちろん、晴れた日には日差しが降り注ぎます。

「夏はどうされているんですか？」

スタッフに尋ねると、こんな答えが返ってきました。

「とても暑いので、昼間はいられません」

そのとき、笑顔で話をしたスタッフは、とても感じのいい人でした。よくこんな環境で頑張っていられると、感動したことを覚えています。

よく見たら、使っている資料や壁紙などがレナードの直営サロンにそっくり。「もっと良くなろう」という意欲がある現れです。同行していた「ミラエステシア」のマネジャーも「こんな環境でも頑張っている姿を見て、昔を思い出しました」と感じるものがあったようです。

「三原社長、うちで引き受けましょう。大丈夫ですよ」

「そうか。じゃあ、俺、決断するよ」

こうして引き受けることになった4店舗が、現在の「スリムスパレディ」です。

## 「これからは競争なし！」と宣言

M&Aの実施の前に、前オーナーと4店舗の店長たち、そして新オーナーである私で食事会を開きました。するとまあ、店長たちの人間関係が驚くほど悪い。話している店長を、別の店長が怖い目でにらんでいたのです。そもそも店長同士の会話すらありません。

帰りがけ、前オーナーに「みんな、仲が悪くない？」と率直に聞いてみました。当たり前のように「そうですよ」と言うではありませんか。

「なぜですか？」

「だって、いつも競争させていますから」

同じ新宿エリアにある店舗だったので、「協力せずに競争して、意識を高めなさい」と、常々言っていたそうです。

そのサロンは大手エステティックサロン出身のスタッフが多く、エステティシャンたちの技術や知識、取り組みはとてもレベルの高いものでした。

ところが、スタッフたちには仲間と協力する意識が欠けていました。これはエステ業界ではよくあることです。個人の売り上げ達成が最優先、店長から「あなた、全然売れてないよね」と詰め寄られるのが日常的な風景です。

だから、離職率も高い。ちなみに「スリムスパレディ」のマネジャーは大手エステティックサロン出身ですが、そこには新卒の同期が１５０人いて、３年後に残ったのはそのマネジャーたった１人だったそうです。彼女がレナードに転職したことで、結局は同期１５０人全員が辞めてひとりも残らなかったことになります。

競争ではなくて、協力。これがレナードのやり方です。みんなでひとつの大きな目標を掲げて、チームがひとつになって、それに向かって取り組んでいくのがレナードのスタイル。

「これからは競争はなし！」

「スリムスパレディ」がレナードグループに入った２０１７年5月、私は全スタッフ約25人を前にして、そう宣言しました。

「これからは協力体制です。それぞれの店舗が目標は持ちますが、４店舗全員で実現するひとつの高い目標を掲げて、それに向かってみんなで高め合って、支え合って、協力して実現していこうね」

スタッフみんなにそう伝えました。

## 協力体制に切り替えたら、売り上げ激増

「みんなで半年間、『スリムスパレディ』全体の目標を毎月達成していこう！　それができたら、みんなでハワイに行こうじゃないか！」

私はスタッフたちの前でそう宣言しました。

「目標達成の目的は、チームをひとつにして高め合える仲間をつくることだよ。ただ数字を達成しても、それができなかったら僕は連れていきませんよ」

「スリムスパレディ」を運営する会社を設立するとき、社名を「オハナ」と付けました。オハナとは、ハワイ語で「家族と同じぐらい絆のある人」の意。今までは決して仲が良くなかったスタッフたちに、店舗を越えて「オハナのように絆のある仲間になってほしい」という願いを込めたのです。

「君たちはもう、今からオハナだ。みんなが家族のような絆のある仲間になって、ハワイに行こう」

すると、少しずつでしたが、絆が生まれていきました。目標が未達成になりそうな店舗があれば、他の店舗のスタッフが助けに行くようになったのです。各店舗がいがみ合っていた頃にはありえないことでした。

全体目標の発表から4カ月半後、「スリムスパレディ」はチーム一丸となって、半年の目標を1カ月以上前倒しで達成しました。

そしてみんなでハワイに行きました。

今では目標200％達成が当たり前のチーム。ときには300％に到達することもあります。全ては目的・目標をひとつにした強い絆のあるチームの力によるものです。

ハワイ旅行の2年後、この「スリムスパレディ」は、エステティック業界で一番のシーズンオフと言われる2月に、過去最高売り上げを記録更新するほどの底力を持つチームにまで成長しています。

## スタッフ間に生まれた感動創造エピソード⑤

スリムスパレディ　小林沙也香さん

ある店舗で、人間関係も成果も伸び悩んでいたスタッフから、辞めたいと申し出がありました。

店舗内では彼女と距離を縮めようと試行錯誤していましたが退職の意思は固く、もうやり尽くしたのではないかと葛藤を繰り返す中で、店長から相談がありました。

私たちもオハナであるからこそ、何かできることはないかと何時間も話したあと、ある提案を思いつきました。みんなからのメッセージを届けるのはどうか？　そのスタッフに寄せる想いと、現状を理解していること、だからこそ！という励ましを集めようとなり、店長も賛同してくれました。ただ、みんなといってもかかわりが薄いスタッフがいるので、できる人のみお願いしたいとのこと。それを含めて他店の店長たちに連絡をすると、「わかりました！　そういうことでしたら全員集めます！」と言ってくれました。

そしてその２日後、集まったメッセージは、何とオハナ全社員からでした。受け取った店長はさらに、全員のメッセージを手書きにし、アルバムにして渡す計画を思いつきました。書き写すたび、全社員の愛に包まれて、本当にオハナで良かったと、手紙が涙でにじんで読めなくなるほどだったそうです。

当日、本人に渡したところ、最初はうれしいですとうっすら涙ぐむ程度。店長からは、やはりみんなの愛は届かなかったのかと不安に沈んだ声で連絡がありました。ところがその夜、そのスタッフから長文でＬＩＮＥのメッセージが来ました。中には感謝とこれからの想いが。私自身もその文章を読んで涙がこぼれました。

後日、店長会議で他の人に聞いたところ、彼女がそれぞれのメッセージに対して個別に返信をしていたとわかりました。彼女はまた頑張って続けたいと決断し、今では店舗の活気を率先してつくるスタッフになりました。

# 売り上げランキングの廃止

営業部の個人成績ランキングを、毎月出していませんか？　棒グラフにしてオフィスの壁に貼っているような会社もあるでしょう。それで社員たちは本当にのびのび働いているでしょうか。社員同士を争わせることによって、社内の雰囲気がギスギスしていませんか？

そのつもりがなくても結果的に数字を追わせることにもなりかねません。最終的に本当に効率的なのか、私は疑問に感じています。

私は、社員同士の勝ち負けを会社主導で煽《あお》るようなことはしません。社内で競争を行うよりも協力・共栄・共存を大切にしています。

チームをひとつにすることで生み出される強いエネルギーによって、より多くのお客さまのより大きな幸せや成功につながる貢献をした方が、一時的な成果だけでなく、結果的に未来につながる成果も成長も絆も自信も全て得られるからです。

もちろん私は経営者ですから、全事業部、各店舗の売り上げを毎日確認しています。個人の売り上げも定期的に確認するようにしています。

しかし目標を達成したか、未達成か。レナードでは、会社として主に見ているのは店舗単位、事業部全体だけです。もちろん各個人の達成によってチームが達成することの尊さは大切にしていますし、高い成果を出すスタッフはその分使命を果たしたことになりますから素晴らしいと感じています。

しかし、個人売り上げが高いからその月の歩合として本人だけ給料が高くなるということは行わず、チームとして目標を達成した場合、役職とチーム達成率に応じたボーナスが発生するようにしています。

その代わり、昇格基準として個人売り上げの基準値を設け、その際に成長の証の一部として評価するようになっています。

また個人の個性を生かした頑張りを讃《たた》えるために、毎月、個人売り上げに対してではなくさまざまな貢献や成長に対しての表彰式を行っています。

たとえば、次のような取り組みです。

●個人成長率賞…前月から今月にかけての個人売り上げの成長率が一番高い人
●物販貢献賞…ホームケアの大切さをお客さまに一番広めた人（新人が獲得することが多い）
●感動創造賞…仲間、チームの活気や組織風土を良くするための貢献をより行った人
●店舗MVP…事業部全体に活気を与え、より感動創造を体現したチーム

こうした毎月の表彰式や日頃のスタッフ評価においては、チームで成し遂げること、言い換えれば「輪と和」で実現することの大切さについて、スタッフ自身の理解がなければ意味がありません。

そのため、スタッフには常に次のような問いを、社員研修で考えさせています。

・そもそもなぜ目標は存在しているのか？
・なぜチームでの達成が大切なのか？

・力を合わせて達成をすると何を手に入れることができるのか？
・そのために、チームに貢献するために、自分は何に取り組むか？

スタッフ自身が問いに対する考えを深め、チーム達成の目的が明確になると、仲間同士で力を合わせるようになります。

ともに高め合い、ともに支え合い、ともに成長を志すのです。

そして仲間とともにワンチームとしてひとつの目的・目標を目指すことで、高いエネルギーが生まれ、本来の自分らしさを発揮します。

そのようなモチベーションの高い状態だからこそ、それぞれの毎日においてさまざまなドラマが生まれます。一緒につくる成果もそうですが、そこに至るまでのストーリーこそがお互いの存在価値を認識する土台となり、固い絆のあるチームが形成されていきます。

このように結果よりもプロセスを大切にする文化を築くことが、長期的に繁栄する組織づくりにおいて必要不可欠なのです。

またチームをひとつの店舗としてだけでなく、事業部全体としてのチーム、はたまたレナードグループ全7社をひとつのチームとして、同じような協力・共存・共栄を実現することができたとき、さらに強大なエネルギーが生まれ、大きな成果はもちろん一人ひとりの成長と、何よりも「世界一スタッフが幸せな会社」を実現ができるのだと確信しています。

## 売るテクニックなんて、たった10％

ビジネスを成功させるためには、まず成果を出すことは最優先です。それでは成果を出すために、大切な要素は何でしょうか？

価格設定、売り方、トーク術、キャンペーン。こうしたものを思い浮かべるかもしれません。確かに、売るための戦術が秀でていれば、売れることは確かです。こうした要素はゼロとは言いません。しかし、このようなテクニックが、ビジネス成功のための全ての取り組みの中で占める重要度は10％ほどだと、私は感じています。

レナードでも、社員たちはもちろん売るためのテクニックを磨きます。私自身、マーケティングは大の得意。価格設定やキャンペーンづくり、売り方といったことはもちろん常々工夫します。

しかし、それが「今売るために」という目的であった場合、そんなものは小手先の技術に過ぎません。私はセミナーのとき、まずこう言います。

「価格設定やキャンペーンといった売り方を知りたい方は、立ち話でお教えします。一時的に売り上げをアップさせるテクニックでしたらほんの5分程度でお伝えします」

売るテクニックはさほど難しくありません。売るためのテクニックを身に付ければ、誰だって短期間でそれなりに売れるようになります。

ただし、小手先で伸ばした売り上げは一時的なものです。短期的には伸びますが、永続はしません。

すぐに成果が欲しいと思ってしまう気持ちはよくわかります。しかし、目先の成果だけでいいのか。それとも将来にわたる成果を手にするのかを考えてみてください。

経営者は、成果が勝手に付いてくる仕組みづくりを目指すべきですし、何よりも私は長期にわたり成長を実現する仕組みを常に念頭に置いて戦略づくりを行います。

## 成果を上げたいなら、商品を売ろうとするな

売るテクニックが10％だとすれば、残り90％は何か？

これこそ、理念や使命を体現する仕組みづくりです。もしかすると、90％どころか99・99％かもしれません。私はそれくらい重要だと思っています。

使命を心の中にしっかり持って、それを果たす取り組みができているのか？

本気でお客さまを幸せにすることに向き合っているのか？

こうしたことを、お客さまは感じ取っています。そのうえで、お客さまはその人とこの先も付き合うかどうか、数十万円の契約を結ぶかどうかを見極めているのです。

「絶対に売ろうとするな」

私は、そう社員に伝えています。

たとえば美容機器販売の営業部には「マシンを売ろうとするな」と言い聞かせています。エステティシャンに対しても「コースや商品を売ろうとするな」と伝えています。

売ろうとすればするほど、売れなくなるからです。

「どうしたら目の前のお客さまの幸せや成功を実現できるか？　人生レベルの最高のパートナーとして最善を尽くしなさい」と言っています。

## 商品説明すらしなくても、数百万円の商品が売れる

私は営業マン時代、経験を重ねるにつれ、商品説明すらまったくしなくなりました。

「○○さまの夢や実現したいことは何ですか？」

「いいですね、ワクワクしますね。それを実現するのに何か問題点はございますか？」

とにかく、お客さまの悩みと願望を聞くわけです。

「そうですか。その悩みはよく聞きますよ。こういうふうに改善できます。今度、

お力になりますよ」

こんな会話をしているだけでいつの間にか、

「三原さん、商品はもちろん導入しますので、力になってもらえませんか？」

と、言ってくださるのです。

「ありがとうございます。お任せください！　ただ商品の説明はあんまりしてないですけど……」

「大丈夫です。パンフレットは読んでおきます」

「わかりました」

## お客さまの成功が先、自分の利益はあと

私が営業マンとして活動をしていたとき、商品は欲しいけれども業績が振るわなく、資金がなくて購入できないというサロンが多数ありました。借入やローンも不可能という状態です。

そんなサロンを何とか救いたい一心で、売り上げを上げるためのカウンセリングの

方法や、マーケティング戦略の研修などを無料で行っていました。

サロンの売り上げが伸びて利益が出てから、「注文させてください」となるわけです。この方法で注文をたくさんいただいていました。これこそコンサルティング営業です。

あくまでも、お客さまの成功が先。私たちの利益はあと。自分が利益を得たあとに、お客さまが成功するのではありません。

これは、何もレナードだけがやっている手法ではありません。本当に一流の営業マン・セールスマンは、誰もがこうしたスタイルです。

「売れる営業マンには、自分の売り上げや歩合のことしか考えていないやつもいるよ」

こう感じた人もいるかもしれません。確かに、自分の利益優先でも売れている人はいます。しかし、一時的です。いずれ必ず壁にぶつかります。

まずはお客さまに貢献すること。そうすれば、必ず永続的な結果がついてくるのです。

極端にいうなら、「売れた」「売れなかった」というのは、どうでもいい話なのです。それは本質ではありません。使命を果たすために、お客さまに対して悔いなく最善を尽くしたかどうかが一番大切です。

売れなかったのが悪いわけではありません。売れなかったうえに悔いが残るようでは、自分の使命を果たしていないことになります。

お客さまから断られたとしても、それでも「自分はここまでやり切った」と自分で自分に納得できるかどうか。大事なのは、上司に対してではなくて、自分自身に対して言えるかどうかです。

ある新卒2年目の営業マンが2件の商談を控えている日がありました。普段は営業マンに直接発破をかけるようなことはしませんが、そのときは珍しく「今日は2件の商談があるらしいね、頑張っておいでよ！」と電話で伝えました。

その営業マンはなかなか自信を持ってお客さまを導き切れないタイプ。お客さまとの関係性を築いているのかどうかまではわかりませんが、一発で商談を決められないことが多かったのです。

「ちゃんとお客さまに対して果たすべき使命にコミットして、お客さまを成功に導き切ってこい」

「わかりました」


次の日に話を聞いてみると、返ってきたのは「2件ともダメでした……」という力のない声。

「なかなか自分を出せませんでした。使命を果たすための向き合い方ができなかったかもしれません」

「そうか。そのオーナーさんにせっかく時間をつくってもらったのに、申し訳ないことをしたな」

「そうなんです。申し訳ないです」

「その気持ちを伝えるためにも、もう1回電話してみたらどうだ？　『昨日はせっかくお時間をつくっていただいたのに、申し訳ございませんでした。○○さまのお役に立つつもりでした』と君らしい誠実さを持って話しなさい」

私のそんなアドバイスを受けて、その営業マンはお客さまに電話を入れました。すると、2人とももう一度会ってもらえるとのこと。

「そうか、役に立つつもりだけで行っておいでよ。絶対売ろうとしてはダメだよ」

翌日の夜、その営業マンから再び電話がかかってきました。

「社長、2件ともご契約いただけました！」

「そういうことだぞ」

これをきっかけに、その営業マンはお客さまと向き合うことができるようになり、売り上げもついてくるようになりました。レナードの社内からはこんな声が聞こえてきます。

「他社の営業マンはマシンを売ろうとしていますが、私たちは違います。お客さまに成功してもらいたいという想いの強さが絶対的に違う。だから他社よりも価格が高くても負けるはずがありません」

## お客さまは、信頼している人から買いたい

人は物を買うとき、頼りになる人から買いたいと思っています。
それでは頼れる人とはどんな人なのか。本気で自分を理解しようとして、自分の力になろうとしてくれていることを心から感じられる人です。使命を持っていて、それを果たそうとしている人です。売ろうとしている人ではありません。表面的に気に入られようとするのでは、売れません。

「バイマッハを買いたいというよりも、あなただから買いたいんです」

レナードには、お客さまからそんな言葉をいただける営業マンが増えてきました。

あるとき、レナードにこんな電話が入りました。
「三原さんのサラリーマン時代に、私の夢を聞かれたんです。思いもよらない質問

でしたが、そのときに『サロンを成功させて豪邸を建てたい』と答えました。三原さんから『絶対にかなえましょう、私に任せてください』と言われたのが頼もしくて、当時、マシンを買いました。いろいろサポートしてもらったのですが、そのあとで三原さんが退職されたと聞きました。でも、そのときにアドバイスされたことをずっと続けていたんです。そして、ついに豪邸が建ちました！　あのときのお礼として、ぜひバイマッハを買いたいと思っています」

この電話でご注文をいただきました。このお客さまとお付き合いしていたのは、もう10年以上前です。

自分が与えた感動は、必ず感動で返ってきます。

レナードの理念である「感動創造」という言葉は概念的すぎて、何となくわかったつもりでも、どう行動に落とし込むのかを掴むまで時間がかかります。

まずは周りの社員から感動を感じる。次にお客さまの成功のために行動する。その結果、お客さまに感動していただく。すると、「感動創造って、こういうことなんだ！」と腑《ふ》に落ちます。自信が湧いてきて、顔つき、目つきが変わります。感動を受ける側から与える側になって、はじめて理念浸透になっていくのです。

## ノルマで人は動かない

「今月のノルマを何とか達成できた……」

そうほっと胸をなでおろした翌日、新しい月のノルマに追われる日々がスタートする。

「あの苦しみがまた始まるのか……」

そこに働く充実感はあるでしょうか？

充実感がセットでなければ、苦しいだけです。人は押し付けられたノルマでは動きません。たとえ動かされても、本気になれません。人は「やりたい」ことでないと本気になれないのです。

それでは「やりたい」という気持ちを引き出すためにどうするのか。

使命・目的を明確にするしかありません。単に売り上げありきではなく、その使命・目的に基づいて目標を設定するのです。

たとえばエステティシャンなら、3年先の願望を明確にして、そこから逆算します。1年先はどうなっていたいか？　それを実現するにはこの1カ月間にどれだけのお客さまにどれだけの幸せの貢献をするか？　何を成長させるか？　売り上げ目標はこれらを具体的にして数値化したものという考え方です。

こうした目標設定のやり方であれば、本人の願望から生まれるので、会社からノルマとしてやらされるものと感じません。じつに自主的です。自主的になってくると、自分で何をしなければならないか、だんだん自分で考えてわかるようになっていく。このように主体性を育んでいくのです。

使命・目的を果たすことによって得られるのはまさに充実感です。精神的報酬ともいいます。この充実感を常に感じられることで、頑張った1カ月が終わった際に、「次はどんな月になるだろうか？」「どんなお客さまに幸せを提供できるかな？」と感じ、ワクワクした状態で翌月もスタートできるのです。

たとえば「目標達成しなくてはいけない」と言い続けると、それはノルマになってしまいます。社員にとって、ノルマはつらいだけ。

レナードは目標達成が絶対の会社。達成するのが当たり前です。それが文化になっているからこそ、自信がないスタッフは「どうしよう……」と焦ってしまいます。焦れば焦るほど売ろうとするようになる。売ろうとすればするほど売れなくなる。この悪循環にはまっていきます。

私は、部下が数字に追われるだけのマネジメントをすることは、結果的に部下もお客さまも自分自身も全員が不幸になるだけだと感じています。

ですので、日頃のメッセージや会話においても数字や成果が第一だと絶対に感じさせないように意識しています。

ちなみにレナードでは、売り上げのことを「感動値」と呼んでいます。

どれだけお客さまに貢献し、感動を与えたか、その実りこそが売り上げに直結すると考えているからです。

## 数字から行動が見える

私は経営者ですから、売り上げや利益といった数字もチェックしています。しかし、それはスタッフが結果を出しているかどうかを見るためではありません。取り組みの質やプロセスを見るためです。

やるべきことをやっているのか?
使命を果たしているか?
感動創造を体現しているか?

こうしたことを見るのです。数字そのものではなく、その数字から社員の行動を読み取ることが大切なのです。

面白いもので、店舗をまわると、成果が上がってない店舗からは次々に言い訳が出てきます。

「最近は体験ばかりで契約しようとする人がいません」

「この時期、引っ越しを考えているお客さまが多いんです」

「旦那さんに相談しますというお客さまばっかりなんです、今月は」

そういうケースもあるでしょう。しかし、大半はただの断り文句です。


「本当にそうですか？　それは事実と解釈、どっちですか？」

私はそう聞きます。

「あなたは本気で自分の使命を果たしていますか？」

「お客さまの幸せのために最善を尽くしていますか？」

すると、スタッフは自分でやるべきことに気づいて再び成果を上げるようになります。私が数字の話ばかりしていたら、そうはならないでしょう。

## お客さまの幸せのためだけに行動すればいい

エステティシャンの場合、自分がこの職業に就こうと思ったときの理想像があるはずです。私は、それを実現させてあげなければいけないと思っています。

だから私の研修の最初の質問はこうです。

「なぜエステティシャンという仕事を選択しましたか？」

中途採用でも同じことを聞きます。エステ歴5年、10年の人に対しても、やはり最初にそれを聞きます。

「私は中学時代にお肌に悩んでいて、化粧品できれいになったとき、すごく自分に自信が持てて変わることができました。だから美容業界で働きたいと思いました」

エステティシャンを目指す人には、こうしたエピソードが何かしらあるものです。

しかし、仕事としてこなす中で、それをいつの間にか忘れてしまうのです。数字に追われる現場。人間関係が悪い現場。そうした環境によって、人は自分の目的すら忘れてしまいます。

エステティシャンを選択した理由を突き詰めていくと、全員から「お客さまに幸せになってもらうため」という答えが返ってきます。私は、そのために具体的にできることを書けるだけ書かせます。

「誕生日のお客さまに手紙を渡す」

「毎回ホワイトボードにメッセージを書く」

「毎回お客さまの夢や理想像を聞いて、カルテに書く」

たくさん出てくるわけです。私は「そのうち5個やることを決めてやろうよ」と提案するのです。

スタッフがそれを実践しようとすると、仕事のやり方が変わります。何のために自分が行動しているのかが明確になり、お客さまとの向き合い方が変わります。その結果、お客さまの反応が変わっていきます。お客さまは商品も買ってくださるようになります。成果がガラリと変わっていくのです。

「ああ、こういうことがしたくてエステティシャンを目指したんだ。すごく楽しい」

スタッフはそう実感できるようになるのです。

「じゃあ、使命を果たす量として、数字の目標を設定しようか。売り上げというのは感動を与えた数だから、いくら分の感動を与えるという目標を設定しよう」

こうすると、数字に向き合うのではなく、さらにお客さまに向き合えるようになっていく流れができるわけです。

## スタンダードを上げていく

目標達成は大切ですが、それ以上に「何のために目標を達成するか」、その目的を自分自身で持つことが大事なのです。

「自分は使命・目的を持っていたから、こんな成果になったんだ」とスタッフが誇らしく感じるレベル。こうでなければ、達成しても次につながりません。目標達成の目的そのものが明確になると、ノルマに追われる苦しみがなくなります。

レナードの目標設定が個人ではなく店舗単位、ブランド単位だということはすでに触れました。

チームが一丸となってみんなで目標を達成していく。そのプロセスで、仲間の大切さや絆を感じられる。その結果、目標達成の喜びをみんなで分かち合う。

こうしたことがあって、はじめて「次はもっと高いあそこの山を目指そう」という気になるのです。目標を達成するプロセスで引き出されるものこそ、社員たちの成長。これが目標達成の大きな意義のひとつです。

チームみんなで目標を達成して、次のレベルを目指す。

「お客さまにもっと喜んでいただきたい」

「もっと多くのお客さまに喜んでいただきたい」

自主的に、そういった視点が生まれてきます。自主性が生まれると、自分たちが目指す目標が高くなっていきます。こうやって会社のスタンダードを上げていくことが大切なのです。

## なぜ、目標達成するのかを話し合わせる

なぜ目標を達成するのか。レナードではみんなに話し合わせます。

最善を尽くして達成できたとき、みんなで力を合わせて達成できたとき、何を感じるかをイメージしてもらいます。

「成長が感じられる」

「自信が得られる」

「仲間と一緒に成長している」

いろいろな意見が出ます。みんなわかっているのです。

なぜ目標達成していくのか、目的を自分で見いだしていくと、達成したいという決断に変わっていきます。それがまたエネルギーになって取り組みの質が変わっていきます。自己成長やチームの一体感につながっていくのです。

ゴールしたときの感情をイメージしてもらいながら、数字に落とし込んでいきます。

「今月はこのぐらいで達成感があったけど、来月はもっと上を達成したら、満足感

を得られるんじゃないか？」

みんなでゴール地点を考えて、「だからここまで目指そうよ」となれば、チームワークが磨かれるとともに、一人ひとりの意欲も高まります。

### 店長との間に生まれた感動創造エピソード⑥

スリムスパレディ　小林沙也香さん

池袋に出店が決まり、はじめて新宿エリア外でお店を持って数カ月後。月の半ば過ぎにもかかわらず池袋店の売り上げは壊滅的で、頭を抱えていた矢先でした。

三原社長から私に、絶妙なタイミングで１通のＬＩＮＥが来ました。池袋は大丈夫なのか、と。急いで、頭をフル回転させて店舗を立て直すための計画を立てました。これならいけると確信を持ち、すぐさま社長に、「これをしていきます！」と長文のＬＩＮＥを送りました。するとものの数秒で返信が。「これでは達成しない」。

最後まで読んでもらっていなかったのかと、コピーしてもう一度送っても、「200%で達成はできない」。

なぜかがわからず、どうしたら良いかもわからなくなったとき、社長から1本の電話をもらいました。

その電話でピンと来ました。今必要なことは、計画や目標の数字を追うことではなく、お客さまと向き合うという、理念の体現のみ。そして、その店舗の店長を救うには、全員でやるんだという何らかの行動が必要だと。私たちがやるべきこと、成し遂げたいことは何か、頭を切り替えてすぐに行動を起こしました。新宿エリアの店長に連絡を取り、残りの数日間で、店長全員で池袋に出勤し、お客さまへ感動を届けました。すると、月末には池袋含め、全店舗達成するまでの感動値を頂くことができました。私たちは私たちで頑張ります！と新宿のスタッフに背中を押してもらえたのも、この達成をつくるうえでの要因になりました。

愛は不可能を可能にする。本当にその通りだと思ったと同時に、三原社長から本当に大切にすべき信念の部分を教えてもらったと感謝しています。

お客さまへの感動創造は、私たちプロのエステティシャンにとっては当たり前でしたが、はじめてスタッフへの感動創造体験をした、今でも忘れられない出来事です。

## 決断の力で全国1位に

エステ業界向けのサプリメントなど内面美容商品を手がける「エステプロ・ラボ」というメーカーがあります。この業界では最大級の会社で、取引先が１万５０００社あるそうです。そんなにあるのかと、私もびっくりしました。

そのエステプロ・ラボが毎年「プロ・ラボアワード」というものを開催しています。これは、年間取引額が高い会社を表彰する式典。商品別や総合などの部門別に表彰されます。

２０１７年の1年間の実績を表彰するプロ・ラボアワードが２０１８年1月に開かれました。そこに私もスタッフと一緒に参加しました。

当時、レナードは物販に力を入れていませんでした。力を入れるどころか、ホームケア商品を販売することに苦手意識を持っていたほどです。

それは、エステティックの施術コースに比べて、ホームケア商品は数千円と単価が小さい面があり、現場ではそこに取り組む優先順位が必然的に低かったからかもしれません。そのような理由から物販に力を入れていないレナードは当然、1位ではありませんでした。43位くらいだったと思います。

他社がプロ・ラボアワードの1位に輝き、その社長がスタッフとともに壇上で表彰されていました。ステージに立つ方々がみんな輝きに満ち溢れて、本当に感動的でした。そのシーンを目の当たりにし、一緒にパーティに参加をしたレナードのスタッフたちの心に火がつきました。

「あの1位の舞台には、三原社長が立つべきですよ」

「私たちの理念の取り組みで全国1位を実現し、あそこに社長を立たせます」

そんな幹部スタッフたちの決断をきっかけに、レナードの各店舗では物販に力を入れるようになったのです。

その結果、２０１８年、２０１９年と2年連続でプロ・ラボアワード総合1位をレナードグループが獲得したのです。

売ろうとさせない。
ノルマがない。
数字を追わない。
売り上げランキングをつくらない。

そんなレナードが全国でぶっちぎりの1位でした。授賞式のスピーチでは、もちろん1位を取れた喜びと、スタッフへの感謝を伝えました。

そして会場に集まった１０００人近いエステサロン経営者を前に壇上に立ち、こう感じました。

私たちは、成果としての1位はさることながら、このレベルではなくもっと先を目指さないといけない。私たちの想い、取り組みこそが成果も成長も充実感も幸せも手に入れることができる。もっとこのエステ業界にその大切さを伝え広める立場、模範的存在を目指すべきだ。

壇上で、改めてそう思ったのです。

一緒にステージに上がったスタッフも同じようなことを言っていました。

「うれしい！　でもここが到達点ではない」

私たちの目的はモノを売ることではありません。だから、成果で1位になることは通過点であり目的ではない。

お客さまに幸せになっていただくために、あくまでも「感動創造」を追い求めていくのが私たちの使命なのです。

そしてその大切さを実感しているからこそ、その大切さをもっと多くの人々に広めたい。それによって社会をより良くしたい。

私たちにとって日本一の称号を実現した最大の勲章は、このようなかけがえのない価値観とワクワクする壮大で新たなビジョンだったのです。

プロ・ラボアワードの授賞式にて。

# 第9章 成長し続ける会社

## 社長が学び続ける姿を見せる

レナードが研修の多い会社であることはすでに触れました。

しかし、社員にお金をかけているだけではありません。私は自分自身の学びにもお金と時間をかけています。多いときは、年間1500万円くらい自己投資しています。

なぜ、そこまで自己投資するのか。なぜ学ぶのか。もちろん自分の成長のためでもありますが、それならなぜ、自分がもっと成長しないといけないのでしょうか。

それは、社員たちに成長している背中を見せるためです。社員たちに自ら成長して、自らの願望を実現できるようになってもらうために、私はお金と時間を使って学んでいるのです。自分で成長して、背中を見せていくしかありません。

学ぶ姿勢のない経営者に学べと言われて、誰が学ぶでしょうか。

自分が一番学んでいる姿勢。

自分が成長していく姿勢。

こうしたものを見せないと、社員は誰も学びません。学ぶわけがありません。「社長、やってないよね」と思われたら、それで終わりです。

私は、社員研修では自ら講師を務めます。自分で社員に伝えたり、教えたりしています。より価値の高いことを教えるためには、教える内容の5倍以上は自分が吸収していないといけないと思っています。

## アンソニー・ロビンズ氏とジェイ・エイブラハム氏

第1章で紹介した、私の人生を変えたセミナーは、今でも毎年、受講を繰り返しています。学び続けながら、自己の成長を実感し、学びの大切さを痛感しています。

そこでもっと幅広く多くのことを学びたいと思い、世界有数のセミナーは何か探したところ、クリントン元大統領や有名スポーツ選手ら、世界の一流人のコーチングを引き受けている世界一のコーチ、アンソニー・ロビンズ氏のセミナーを知りました。

これまでに参加したシンガポールや豪州、英国で開かれるセミナーは数千人、多いときには2万人の規模です。そこには世界中の桁違いの経営者が多く参加し、世界観が大きく変わります。

またこのセミナーに参加すると、感情を大きく揺さぶられて、モチベーションが一気に上がります。劇薬のようなものです。

「俺はできるんだ、行くぞー」

会場内では数万人が一斉にそんな雄たけびを上げるのです。

アンソニー・ロビンズ氏のセミナーには、うつ病などの心の病を抱えた人もたくさん来ます。彼のすごさは、うつ病で自殺願望がある人の心をたった5分でポジティブに変えてしまうこと。私はそういった瞬間をこの目で何人も見てきました。

なぜアンソニー・ロビンズ氏のセミナーに繰り返し行くのか。それは、繰り返し発信しないと理念が薄まってしまうのと似ているかもしれません。学んだことは時間が経つと忘れていってしまいます。そうならないように繰り返し受講するのです。

マーケティングは、世界中の多くの大手企業のマーケティング戦略を指南したジェイ・エイブラハム氏から学びました。彼が来日したときに、マンツーマンのレッスンを2回受けました。1日500万円です。

ジェイ・エイブラハム氏は「卓越の戦略」を唱えていますが、これは理念や使命をベースに、相手が本当に求めているものを与えるという考え方です。理念経営に通じるといって良いでしょう。私が学び、レナードで取り入れているのは、世界共通の考え方です。

## 学びはじめなければ、学びの楽しさはわからない

本も月20冊以上は読むようにしています。経営からマネジメント、セールス、健康、小説までジャンルはさまざま。私の姿を見て、読書するようになった社員もたくさんいます。

といっても、私は子どもの頃から読書好きだったわけではありません。20代前半まではそんなに読んでいませんでした。元々国語が大の苦手。小説を読むことすら苦痛でした。

それでも変われます。今では読書を通して自分の学びが深まる実感を持てるのが楽しいです。

学ばない人は成長しません。残念ながらそこで止まってしまいます。私は社員を見るとき、向上心を持って学ぼうとしているかに着目しています。

## 朝の過ごし方で1日の8割が決まる

私は朝、やることが多い。朝の過ごし方で、1日の8割が決まると思っているからです。

きっかけは、アチーブメント株式会社の青木仁志氏から「朝を制す者は、人生を制す」という言葉を聞いたことです。

何をやろうかと考えたのですが、朝一番からテンションを上げるためにトランポリンを始めました。これはアンソニー・ロビンズ氏からの教えです。

ベッドから出ると、まずは自分の部屋でトランポリンを跳びます。ダンスミュージックをかけながら5分間です。最初は無理やりガッツポーズしながら跳びますが、だんだん乗り気になって、「よーし、今日もやるぞ！」とエネルギーが湧き起こります。

気分が高まった状態で次に瞑想を行います。瞑想用の音楽を聴きながら、これも5

分間行います。今の状況や周りに対して感謝しつつ、心を整えます。身近な人から順番に思い返して、徐々に意識を外に向けていきます。

経営者は、経営指標や各事業、店舗展開、顧客、新規事業、採用、社員教育など、いろいろなことを朝から晩まで考えなければなりません。何かにフォーカスしないと、考え出したらきりがない。今、大切なことや今日やらなくてはいけないことについて、頭の中を整理するわけです。

トランポリンで気分を高め、瞑想によって心を整えることで、晴れやかで１００％ポジティブに何でもできるという気分になります。

この最高潮の状態をピークステート、最も心がきれいな状態をビューティフルステートといいます。

この状態で次に行うのは、人生プランニングです。

人生で絶対に成し遂げることを記入します。

自分の人生理念に基づいて、どんな人生を過ごしたいのか。自分の目標を考えるのです。

ちなみに私の人生理念は「愛を貫き、貢献に生き、生涯成長する」です。

たとえば2019年12月3日の朝に記入した「人生で必ず成し遂げること」を紹介します。

1. 2025年までに100億円企業にする。
2. NPS® 全業種ナンバーワン。
3. モチベーションクラウド　全企業日本ナンバーワン。
4. 子会社20社、社長20人輩出する。
5. エステスクール、貧しい子どもの救済。
6. 5業態以上のエステブランドの展開。国内外300店舗。
7. 女性の働き方を変え、模範となる。
8. 世界ナンバーワンの美容機器メーカーになる。
9. エステティシャンの社会的地位を高める。国家資格制度の実現。
10. エステティシャン業界収入平均の2倍以上の収入。
11. スタッフ用の保育所ビジネス展開。

12．福利厚生の充実。ハワイ、バリ島、軽井沢に保養施設。
13．株式上場を果たす。

読者のみなさんに公開するのは少しお恥ずかしいのですが、こうしたことを手帳のメモ用紙のページに書き込みます。

これら全てを実現することができたら、この上ない最高の人生だったと言える長期的な人生の目標です。記入の数は決めていませんが、10個以上です。

意外と、毎日書いていると、徐々に内容が変わってくるのがわかります。

そしてこの紙の裏面には、これらの目標を実現するために今日１日意識することを記します。

・プラスの物事の捉え方。
・絶対に怒らない。謙虚に生きる。
・相手の願望にフォーカスした向き合い方。

・より具体的なアドバイス。
・お客さまに聞かれても、喜んでいただけるような会話をする。
・常に感謝の気持ち。
・常に自分に勝つ。流されない。
・全員とのコミュニケーションを意識する。
・一番元気、勢いを持つ。
・理念ビジョンの発言、発信。
・自分の成長、背中を見せる。

こうした言葉を毎日書きます。この内容も毎日違ったものになります。

これらの取り組みを終えたのちに、今日1日のタスク確認と優先順位付け、スケジュールの確認を行い、1日がスタートします。

このような1日のスタートを切ることを想像してみてください。

エネルギーと無限の可能性に満ち溢れ、最高に充実した1日を過ごすことができるはずです。

ピークパフォーマンスを生み出す朝のルーティン

1．トランポリンを跳んで気分を高める
2．瞑想をして心を整える
3．人生で絶対に成し遂げることを10個以上書き出す
4．実現するために今日どんな生き方をするかリスト化する
5．１日のタスクの優先順位付けとタイムスケジュールの確認・調整

## 女性が活躍できなければ、日本に未来はない

レナードでは、女性のライフステージに合わせた多様な働き方が増えてきました。沖縄の７店舗をまとめているあるマネジャーは、時短勤務です。時短勤務の店長もいます。週３回勤務のパート店長もいます。

私は年８〜10回、社員の結婚式に出席します。彼女たちのライフステージの変化に

合わせて新たな働き方の仕組みをつくっていかないと、現状に追いつかなくなっていきます。

私たちの前に立ちはだかる大きな問題のひとつが、子どもを預ける保育所の少なさ。子どもを保育所に預けられず、職場復帰できないスタッフが何人もいます。早く戻ってきてほしい優秀な社員たちなのに、戻ってきてもらえません。

女性社員が結婚して、出産するのは本当に喜ばしいことです。しかし、いかに子どもを預けて、仕事と両立できる環境をつくるかという課題があるのです。

そして、仕事での輝きを、いかに家庭に生かしてもらえるか。そこまで考えていかなければいけないと思っています。

目指しているのは、自社で保育事業を始めること。まずは認可外の企業内保育から始めるつもりでした。自社で託児所をつくって、保育士を雇うというスタイルです。ところが、お母さんスタッフからしたら、認可外では園庭がない、経済的な負担が大きいなど、子どもを預けるのに不安があるそうです。法律などのハードルもあります。

そのため、なかなか保育事業は実現しません。

現状では、提携先の保育施設に預けられるようにしたり、保育料を全額会社で負担したりと、始められるところから始めています。

まだ道半ばですが、保育事業は必ずやりたい。社員の子どもを預かるのはもちろん、お客さまのお子さまを一時的に預かれる施設を構想しています。

## 仕事で輝く母は、子どもの誇り

兵庫県や岡山県で展開していたサロンのM＆Aを実施したときのこと。私が研修で理念や使命の話をしていると、ひとり、浮かない顔どころかこわい顔をしているスタッフがいました。

研修が終わったときに、Kさんというそのスタッフが声をかけてきました。

「うわさで聞いたんですけど、新しい社長になると、パートはもう使わないって、本当ですか？　パートの私は切られるんですか？」

「そんなつもりはないですよ。一緒に頑張りましょう」

Kさんは、子どもが2人いるシングルマザーでした。急に社長が代わると思ったら、妙に熱血な新社長が現れたのですから、不安になるのも仕方ありません。Kさんは「この人、本当に大丈夫なんだろうか……」と半信半疑だったようです。

Kさんは責任感が強く、スタッフへの愛情もありました。レナードの理念にも共感してくれました。どんどんリーダーシップを発揮して、部下を育成できるようになったのです。その頃、私はKさんが店長になる器だと感じていました。

ある日、Kさんからこんなことを聞きました。

「私は、仕事を頑張りたいけど、母子家庭で小さな子どもが2人もいるから、どちらを優先すべきか分からずにブレーキをかけちゃっているんです」

「Kさんはお子さんにどんなお母さんに見られたいですか？　お子さんに、地元で一番のエステティックサロンの店長さんと見られるのか、それとも一パートとして見られるのか。どちらがお子さんにとって誇らしいお母さんとして喜んでもらえそうですか？」

「3日間、考えさせてください」

そして、３日後……店長になったＫさんは、毎月目標を達成するばかりか、他のエリアの店舗もフォローするではありませんか。それも自発的に、です。

ほとんどエリアマネジャーの動きです。その後、Ｋさんはマネジャーになって、３店舗を見るようになりました。家庭で頑張っている母親。職場でも輝いている母親。どちらも愛を土台にした生き方をしているからこそ、実現できたのです。

残念ながら、その後Ｋさんは家庭の事情でやむなく退職となりましたが、彼女が築いた文化は今も根強く引き継がれています。

## 店長との間に生まれた 感動創造エピソード⑦

ミラエステシア　尾崎彩奈さん

私が入社して間もない頃の話です。当時は姫路店勤務で、覚えが悪かった私は何度か当時のK店長に怒られたこともありましたが、とうとうカウンセリングデビューの日がやって来ました。周りのスタッフがサポートしてくれましたが、はじめてのカウンセリングではご契約をいただくことができませんでした。

後日、またカウンセリングに入ったとき、お客さまを全身脱毛へ導くことができました。そのとき、K店長が泣きながら喜んで抱きしめてくれました。今までいろいろな仕事をしてきましたが、はじめての体験でした。怒られて凹むこともありましたが、全て私を想って言ってくれたのだと気づきました。

K店長はスタッフへの愛情が誰よりも強く、成長したときは誰よりも喜んでくれました。残念ながら家庭の事情で退職してしまいましたが、今でも尊敬しています。後輩ができたときには同じように喜べる人間でありたい、と思いました。

後日談になりますが、加古川店の新卒の井上さんがはじめて追加のご契約をいただいたときには、自分と重ね合わせて涙してしまいました。

## 顧客や従業員の満足度を客観的に把握する

「感動創造」は漠然とした言葉。取り組みを明確化して、実際に行動しなければ「感動創造」は実現しません。それを管理する管理職も育てなければならない。さらにチェックする指標も必要です。

「感動創造」というお題目を唱えるだけでなく、ＰＤＣＡをまわしていくわけです。ＰＤＣＡをまわして、はじめてお客さまが感動しているかどうかがわかるのです。

「感動値」である売り上げでも「感動創造」の達成具合を判断できなくはない。しかし、本当の意味でお客さまに喜んでいただいているのか。本当の意味でスタッフはうちの会社で幸せを感じられているのか。こうしたことにこだわるために、ＰＤＣＡの指標として顧客満足度と従業員満足度の測定を行うようにしています。

「あなたはこの商品を親しい友人や家族にどの程度すすめたいですか?」

そんな質問に10段階で答えるアンケートを目にしたことがあるのではないでしょうか。これはNPS®(ネット・プロモーター・スコア)顧客ロイヤルティ指標調査と呼ばれる手法です。簡単にいうと、どれだけお客さまに愛されているかを測る、顧客満足度調査の一種です。今、世界中の大手企業が取り入れています。

それに加えてレナードは「モチベーションクラウド」という従業員満足度の調査も実施しています。

レナードの教育ポリシーは「世界一スタッフが幸せな会社作り」。

全スタッフが「うちの会社で働くことが世界一幸せだ」と言ってくれれば実現したことになると考えていますが、より具体的に、実際に何をどうすればそれを実現できるかを明確にするためにこの調査を取り入れているわけです。

モチベーションクラウドは、評価が最も高いのがAAA。レナードは1回目からAAAを取得しています。

## トリプルウィンの経営

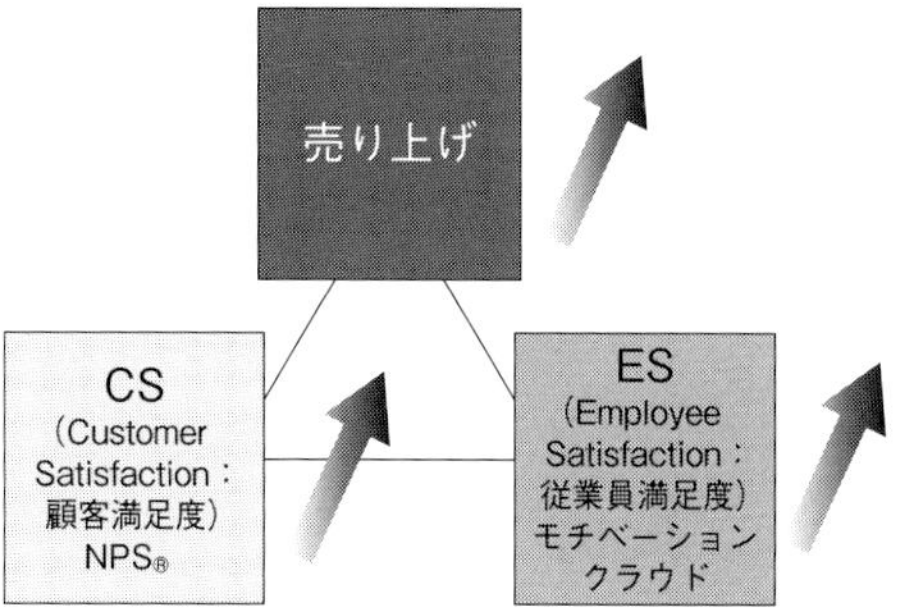


従業員満足度と顧客満足度には相関関係があることがわかっている。従業員満足が高い組織ほど顧客満足度も高く、そして売り上げも高い。この３つを同時に高めることが、社会貢献度の高い経営へとつながる。

また、５０００社以上が導入していて、偏差値が出ます。レナードのサロンの中には偏差値92という驚異的な数値をたたき出した店舗がありました。そのブランド全体の平均でも90くらいに達していいます。そのブランドは「スリムスパレディ」。買収した際、店長同士が険悪だったブランドが、今や、日本トップレベルの従業員満足度になっています。

ただ、ＡＡＡの評価の中でも課題はたくさんありました。部署によっては偏差値が平均以下のところもありました。

グループ全体で見るとレナードで働くことに対しての満足度は全国の中でも高

い。

一方で、まだまだ職場環境には課題があることがわかりました。給料や設備、立地といった環境面です。

課題がより明確になれば、その改善策をより具体的に実施していくことができます。

このようにまずはインサイドアウトとして、従業員満足度を上げることが、自ずと顧客満足度アップにつながるのは容易にわかるのですが、2つの指標の連動が売り上げに対してどのように影響しているかを見ることが一番大切です。

たとえば、すこぶる売り上げがよく、従業員満足度も高いが、顧客満足度はそれほど高くない場合、お客さまに押し売りをしていることが考えられます。その場合、クレーリングオフや中途解約があからさまに増えます。

また、売り上げが高く、顧客満足度も高いが、従業員満足度が低い場合、それはチーム全体の関係性が悪化しかけている状態で、理念の体現が疎かになっていることの現れです。この場合、ものの見事に数カ月後には売り上げが低下しました。

やはり従業員満足度、顧客満足度、売り上げ、この３つが全て高い状態で揃ってこそ、理念を体現したトリプルウィンの企業体の完成といえるのです。

## 愛を土台とした経営の模範企業を目指して

最近、レナードは業界内でも注目していただいていると感じています。

それでは、レナードは今、何を目指しているのか。前述した通り、２０２５年までにグループ全体で年間１００億円分の幸せに貢献する組織にするというビジョンを掲げています。しかし、それは決して業界1位を目指しているわけではありません。

私たちが目指すもの。それは理念経営の素晴らしさ、愛を土台とした経営の大切さを広める「模範企業」になり、エステ業界を健全でより良い業界にすること。

そして業界を越えて社会全体を幸せにする貢献ができる企業を目指しています。

私は偶然にも縁があってこの業界に入ることができました。

エステティックとはお客さまに幸せを提供し、お客さまのより良い人生に直接貢献できる、数少ない素晴らしい業界だと日々感じています。

このエステティック業界に出会うことがなければ、お客さまを幸せにすることの尊さを知ることができなかったかもしれません。

そして、社会全体を幸せにする企業を実現するという決断を持つことはできなかったはずです。

そんな価値観と私の人生を変えてくださったこの業界に恩返しをするためにも、まずはレナードの従業員一人ひとりの願望実現を果たすことに私の命をかけて取り組み、幸せの輪を業界、そして社会全体にまで広めていく所存です。

# おわりに

2019年年始、1年間の目標のひとつに「本を出す」と書き加えたときは、どんな本をどうやって出版するのか全く未知の世界でした。

そんな中、私の人生を変えてくださった師であるアチーブメント株式会社の青木仁志社長から「三原さんの本をうちから出したい」とお声をかけていただいたときは涙がでるほどうれしかったです。青木社長から学び、それを実践して今があります。

そしてこのたび、出版という手段で多くのみなさまにこれまでの学びを共有することで、少しでもエステサロン業界や青木社長に恩返しをしたい、その一心でペンを執らせていただきました。

このあとがきを書いている2020年4月現在、世界では新型コロナウイルスの蔓延で、誰もが経験したことがない脅威と先が見えない恐怖に陥っています。

どうにかこのような状況であっても、この出来事のポジティブな側面を捉えることはできないかと常に考えている日々でありますが、本書を書き進めるにあたり、人は苦境の中で改めて当たり前のことや周りに対して感謝を強く抱く機会が訪れるのだと気づきました。

この脅威を通して、世界全体が全人類の平和と幸せの実現のために手を取り合ってひとつの方向に向かう機会になることを願って止みません。

本書をお読みいただき、少しでもみなさまの心に光を灯すことができましたら、この上ない喜びでございます。

これまで多大なるご指導をいただいた上、さらにこのような出版の機会を与えてくださった青木仁志社長に、心から感謝申し上げます。

また湘南美容グループの相川佳之氏、本書に登場してくださったみなさま、エステティック業界の諸先輩方、私を産んでくれた両親、妻の彩さん、福島家のみなさん、いつも僕を支えてくれるレナードグループ全社員、お取引先さま、直営サロンのお客さま、情熱会のみなさま、これまでの人生で出会った全ての方々に感謝申し上げます。

## 著者プロフィール

三原孔明

1979年生まれ。レナード株式会社 代表取締役。全国3ブランドのエステサロンを展開し、美容機器の製造販売や経営コンサルティングを行う。

美容機器メーカーに10年勤務し、トップセールスを築き上げたのち退職。2012年、レナード株式会社を設立した。

これまで1,000店舗以上のコンサルティング、500店舗以上の開業支援を経験し、自社においては設立以降7年間、年平均成長率180％以上を達成している。

世界的権威を持つ伝説のマーケター、ジェイ・エイブラハム公認インストラクター。確かな知識・経験に基づく高いマーケティング力とサラリーマン時代に培った営業経験を武器に、2013年から開講している無料の経営セミナーでは受講者が延べ10,000名を超えている。美容業界に理念経営を指南した第一人者でもある。


**幸せを生み出す 感動創造マネジメント**

2020年（令和2年）6月5日　第1刷発行

著者　三原孔明
発行者　青木仁志
発行所　アチーブメント株式会社
〒135-0063　東京都江東区有明3-7-18　有明セントラルタワー19F
TEL 03-6858-0311（代）／FAX 03-6858-3781
https://achievement.co.jp

発売所　アチーブメント出版株式会社
〒141-0031　東京都品川区西五反田2-19-2　荒久ビル4F
TEL 03-5719-5503／FAX 03-5719-5513
http://www.achibook.co.jp
〔twitter〕@achibook
〔Instagram〕achievementpublishing
〔facebook〕http://www.facebook.com/achibook

装丁――ソウルデザイン（鈴木大輔）
本文デザイン・DTP――株式会社明昌堂
校正――株式会社ぷれす
印刷・製本――株式会社光邦




ISBN 978-4-86643-071-3